I0840903

LEYES DIVINAS VS LEYES HUMANAS

La batalla legal entre Dios y el hombre

OCTAVIO REAL GIL

Pocas leyes, porque la ley una vez escrita, se convierte en el imperio de puras palabras, que como no se pueden literalmente cumplir, obliga a la indecencia gubernamental que falsea su propia ley.

José Ortega y Gasset

Índice

Prólogo

Dios está en horas bajas, no tanto porque se niegue su existencia, como hacían los ideólogos del viejo ateísmo, como por el hecho de que simplemente se le ignora, como se ignora cualquier cosa que no nos merece la pena; se diría que da igual que exista o no porque el tema no nos interesa en absoluto. Su presencia social se limita a actos oficiales, culturales y festivos que traen su origen de comportamientos seculares convertidos por ese proceso de solidificación que Ortega llamaba "usos sociales" en tradiciones inveteradas aparentemente sin sentido. El hombre, ser histórico por naturaleza, se ha quedado sin historia, y esto nos impide ver con suficiente perspectiva el papel que Dios ha tenido y tiene en la vida del hombre. Huérfano de referencias, y obligado por la coyuntura actual derivada de la formidable *Metanaturaleza* que se ha dado a sí mismo, a una huida hacia delante en lo que parece un proceso sin retorno, va dando tumbos a diestro y siniestro legislando y promulgando leyes más o menos ocurrentes ahora aquí y mañana allá sobre todo lo que se le pone por delante, en un inmenso ejercicio de arbitrariedad conceptual sin fundamento moral alguno. Rousseau, en plena deriva de legitimidad y omnipotencia legal, intenta solucionar el problema apelando en su *Contrato Social* al acuerdo de todos con todos, pero se lía en su argumentación y reconoce que *El Soberano*, como así llama a la voluntad general, puede fallar; las voluntad de los particulares podría convertir en papel mojado el contrato, y los legisladores, a fuer de personas y no dioses como le hubiera gustado al ginebrino, podrían dictar leyes que no reflejen adecuadamente la voluntad y el sentir general de los ciudadanos, como así se ha demostrado a lo largo de los dos últimos siglos. Esta ausencia de pura *legitimidad* de instituciones y gobernantes obliga un día sí y otro también a apelar como último recurso a la ley imperante para justificarse ante la opinión pública. Al desaparecer el referente divino de lo eterno y omnipotente, no hay razones últimas que amparen la justificación de cualquier ejercicio de gobierno. La última razón es la ley vigente del momento, susceptible, en virtud de su arbitrariedad, de ser derogada al día siguiente por otra diametralmente opuesta. Esto lo saben los políticos y legisladores y por eso vivimos en una constante esquizofrenia de cumplimientos e incumplimien-tos, reformas y contrarreformas de algo que debería, ser por su propia esencia, legítimo, omnipotente y eterno, como las leyes dictadas por el Creador desde el inicio de los tiempos.

CAPÍTULO 1

Leyes divinas vs leyes humanas

Cuando se habla de leyes, hay que precisar el alcance del lenguaje utilizado para poder orientarnos en la investigación de sus múltiples y variopintos significados.

Se me ocurre que echando una ojeada al mundo en que vivimos, encontramos una realidad en la que todo fluye y cambia, pero no de cualquier manera, lo hace bajo ciertas leyes que a veces se nos antojan evidentes y otras que no lo son tanto. El Universo, nos dicen los expertos, se expande, no está quieto, y yo me pregunto: "¿hay algo que lo esté?"

Vivimos en dos mundos paralelos. En el físico nos vemos afectados por los fenómenos de la naturaleza que nos rodea, y en el social nos debemos al conjunto de normas, usos y costumbres vigentes de la colectividad a la que pertenecemos.

Podemos dividir el conjunto de leyes en dos grandes grupos, por un lado las que son arbitrarias, mudables y en algunos casos caprichosas, y por otro las que no lo son. También podemos distinguirlas respondiendo a una simple pregunta: "¿quién las hace?". El mono, el pingüino, el chopo y los abetos no hacen leyes, se limitan a cumplirlas; es más, no violan ninguna, en eso tienen más suerte que nosotros, que nos vemos abocados, queramos o no, a un constante juego de equilibrios entre el deber de obediencia a la norma establecida y su desobediencia o incumplimiento.

Nos hemos dedicado a lo largo de la historia al deporte de hacer leyes. Leyes que se dictan para ser cumplidas, pero que tienen la particularidad de que pueden no serlo, es decir, que pueden ser perfectamente transgredidas o violadas. En este sentido el Hombre juega a ser Dios pero de una manera imperfecta. Las leyes divinas no pueden ser violadas, son inmutables y llegan a todos los confines de la Naturaleza. Que se sepa, nadie se ha librado de ellas todavía. Las leyes de la gravitación universal de Newton no son creaciones de Newton, como tampoco la teoría de la relatividad de Einstein se debe a Einstein. Estaban antes que sus descubridores y siguen estando después de su descubrimiento. Son verdades sempiternas y lo único que cambia es el momento histórico en que se destapan y salen a la luz.

Las leyes termodinámicas nos dicen que todo fenómeno que ocurre en cualquier parte del Universo lo hace siempre en una dirección determinada y siguiendo unas pautas precisas que no se pueden modificar. Nadie se libra de ellas y lo mejor de todo es que no protestamos; las aceptamos como algo incuestionable que no admite discusión. Es la Carta Magna de la vida hecha por Dios para todas las criaturas, y todas sin excepción estamos sujetos a ella, personas, animales, plantas, minerales, plasma, rocas o lo que se nos ocurra. Cuando venimos al mundo aceptamos su legitimidad, aunque sea nada más que por su carácter indiscutible. Sin embargo, una de las criaturas de la Naturaleza, el Hombre, también ha querido jugar a hacer leyes desde el inicio de la creación y a ello se ha afanado con denodado esfuerzo a lo largo de los siglos, mas las suyas ya no son tan jurídicamente perfectas, no tienen el carácter indeleble de ley divina, y resultan imperfectas, transitorias, cuestionables y muchas veces injustas.

Leyes de tal guisa tienen por fuerza que rodearse de un corpus justificativo y legal que ampare su cumplimiento, siendo éste uno de los principales caballos de batalla de la historia del hombre. Allá por el siglo XVIII, el filósofo Emmanuel Kant sentenciaba: "la coacción no crea ninguna obligatoriedad". ¿Qué ley válida es aquella que una vez promulgada se puede libremente incumplir y debe ser acompañada de procedimientos coactivos para obligar al personal díscolo a cumplirla? El carácter distintivo de cualquier ley humana es su arbitrariedad, el hecho de que su razón de ser esté siempre en manos de personas, sean éstas trescientas, veinte o una sola y por tanto se necesitan mecanismos que justifiquen su existencia. Kant nos dice que para evitar que un deber derivado de una ley responda al hecho empírico de la coacción, se requiere apelar a su fundamentación moral. Aquí podemos recordar al filósofo australiano Peter Singer que a propósito de esta cuestión señala: "si las obligaciones jurídicas se derivan de leyes, tendría que haber una ley que dijese que debemos obedecer la ley y, ¿qué obligación habría entonces de obedecer esa ley? Si fuera una obligación legal, entonces tendría que haber otra ley… y así hasta el infinito. Si hay alguna obligación de obedecer la ley, debe ser en última instancia una obligación moral". El filósofo, a fuerza de retrotraerse en esta sucesión monótona de leyes en busca del primer término, se encuentra con algo que no admite más causalidad, la moral. ¿Y por qué? No lo tiene claro, de hecho podríamos comenzar otra serie basada en normas éticas buscando la moral última que dé sentido a todas las demás. Nos encontramos en un círculo vicioso que ha mareado al pensamiento humano a lo largo de la historia de múltiples formas, intentando resolver el dilema.

Para el socialista y demócrata Peces Barba, por ejemplo, la cuestión se resuelve de un plumazo: "La obligación jurídica de obediencia al Derecho deriva del carácter coactivo de las normas y el regreso al infinito no se produce porque en última instancia el hecho del poder (?) apoya a las normas con la fuerza".

Otros, como el filósofo del derecho inglés Herbert Hart no enlaza justicia y moral; en su teoría del deber jurídico separa claramente las obligaciones jurídicas de las morales, contemplando dos corpus distintos. Dentro del orbe jurídico, las normas se basan en otras normas y ya está, no hay que darle más vueltas. Y ya, para remate, tenemos a Joseph Raz que sentencia: "no existe obligación para obedecer las leyes".

Una de las grandes contradicciones en el deber de cumplimiento de leyes humanas es el llamado "principio fundamental del Código Civil de la omnipotencia de la ley" y que se resume en la famosa frase *ignorantia juris non excusat* (la ignorancia de la ley no exime de su cumplimiento). Y yo pregunto: ¿De verdad hay alguna ley humana que sea omnipotente? ¿Algún legislador que no sea excesivamente merluzo se puede creer que el ciudadano puede memorizar todas y cada una de las leyes que se aprueban para cumplirlas ipso-facto? Más parece que el hombre, en su afán de trasladar las esencias divinas al terreno de lo humano otorga a sus leyes cualidades ultraterrenas imposibles de cumplir. ¿Se puede uno imaginar un electrón de un tubo de rayos catódicos que en vez de ir como todos sus compañeros del cátodo al ánodo, se diera la vuelta y se fuera del ánodo al cátodo por no enterarse bien de las leyes de la electrostática? ¿O una plancha de vapor que de vaga que es, no se lee el capítulo de transmisión de calor y enfría una camisa en vez de calentarla?

Ante tamaño despropósito, el legislador no se amilana y zanja la cuestión apelando al citado principio, obligando al ciudadano a buscar esa extraña omnipotencia que las leyes humanas no acaban de encontrar.

Vivimos en un mar de leyes creadas por Dios, y el hombre, desde los comienzos del derecho, ha construido las suyas tratando de imitar sus atributos con más o menos fortuna. Este maridaje entre ambas categorías ha sido a lo largo de la historia un lugar de encuentros y desencuentros avalado por diferentes grados de presencia de la autoridad divina en el cuerpo jurídico de los pueblos. Algunos juristas lo definen como "presupuestos metafísicos, ahistóricos y dogmáticos de determinadas manifestaciones del iusnaturalismo". Está claro que lo que no es físico es metafísico. Pero, ¿cuál es la génesis de esta relación entre leyes divinas y humanas? O, dicho de otra manera, ¿cómo ha sido posible la progresiva ausencia de autoridad divina en las leyes para dar paso a otras basadas en cualquier cosa menos en Dios?

Comencemos por el principio, y el principio naturalmente es el Génesis. Después de crear el Paraíso, Dios formó al hombre y la mujer ofreciéndole todos sus frutos menos uno, el árbol de la ciencia del Bien y del Mal del que no podrían comer bajo ningún concepto. Visto *grosso modo* parecería una condición caprichosa del Creador sin mucho fundamento, pero no hay tal, la alegoría revela la nueva naturaleza que el hombre se iba a imponer a sí mismo a partir del destierro del Paraíso.

En un principio Dios crea multitud de árboles frutales y ríos que riegan los jardines para darles vida y fertilidad; una naturaleza donde todo funciona bajo un conjunto de leyes que tienen por misión poner orden en el caos imperante. "La tierra era soledad y caos, y las tinieblas cubrían el abismo" (Génesis 1,2). De la entropía máxima, el desorden total, pasamos a la entropía mínima, el Paraíso. La energía necesaria para provocar ese vuelco es Dios. En ese vergel, junto con el resto de criaturas animadas e inanimadas, se encuentran Adán y Eva, partícipes como las demás del inmenso legado de polvo de estrellas que se ha dispuesto para ellos. Todas se encuentran sujetas a las mismas leyes cósmicas, independientemente de su diversidad biológica, química o física.

No hay discusión sobre si son buenas o malas. La constitución ya está hecha desde el sexto día, ya que el séptimo se dejó para el descanso (Génesis 2,3). La naturaleza de Adán, como la de los demás seres de la Creación está determinada de antemano y para siempre. El grillo es grillo, el ácido clorhídrico, ácido clorhídrico, la patata, patata y el hombre naturalmente es sólo eso, hombre. No está obligado a "decidir" en cada momento lo que tiene que hacer. Afortunadamente, durante el tiempo de estancia en el Paraíso, está liberado de ese lastre.

Allí, el Maestro de la Gran Orquesta Interestelar dirige la sinfonía del Cosmos. Una sinfonía ejecutada por todas sus criaturas sin excepción. Todas tienen su instrumento y su partitura correspondiente y tocan sus notas características de manera que en conjunto generan la armonía más sublime que imaginar cabe; el Universo (*Universsus*, la realización de lo uno en lo diverso).

Las notas de esta sinfonía encierran las leyes de la creación y son las encargadas de dirigir y modelar el comportamiento de todos los seres en un concierto a infinitas voces donde la duda y la moral no existen.

Pero he aquí que Adán y Eva deciden tocar una melodía distinta a la que les han asignado.

"Entonces la serpiente dijo a la mujer: ¡No, no moriréis! Antes bien, Dios sabe que en el momento en que comáis se abrirán vuestros ojos y seréis como dioses, conocedores del bien y del mal" (Génesis, 3,4).

¿Será la serpiente, una manzana, el ángel caído, o un gen mutante el desencadenante de la disonancia? Poco importa. El caso es que ya no tocan como los demás, encuentran que esa pieza musical no les gusta y quieren ejecutar otra. En ese momento pierden la inocencia.

"Pero el Señor Dios llamó al hombre y le dijo:

–¿Dónde estás?

Y éste respondió:

–Oí tus pasos por el jardín, me entró miedo porque estaba desnudo y me escondí –El Señor Dios prosiguió:

–¿Quién te ha hecho saber que estabas desnudo? ¿No habrás comido del árbol del que te prohibí comer?" (Génesis 3, 9).

Frente a la melodía universal, el hombre propone otra de su propia cosecha y decide construir un Universo paralelo, lleno de leyes que sirvan para manejarse en ese otro mundo creado por él. Tras la huida del Paraíso viene el estallido del Big-Bang antropológico.

Ya no se encuentra cómodo en la Naturaleza, de hecho se convierte en una especie de centauro ontológico con media porción inmersa en ella (el polvo que aún le queda del Paraíso) y otra media *extranatural*, extraña al mundo. Precisamente esa *antinaturalidad* congénita que adquiere hace que considere al mundo no ya como algo consustancial con él mismo, sino como una intrincada red de facilidades y dificultades que le hacen sentirse obligado irremediablemente a decidir lo que tiene que hacer en cada momento. Ha conseguido libertad, desprenderse del calor divino para jugar a ser Dios, a ser creador, pero a costa de vaciar de contenido la naturaleza que poseía inicialmente. Para existir como tal, el hombre se ve forzado a inventarse a sí mismo a cada momento y lo hace modificando y alterando la naturaleza a su antojo bajo la premisa de crear un mundo lleno de superfluidades. Para un ser de estas características lo superfluo se hace necesario.

Citando palabras del renacentista Pico de la Mirandola en su "Discurso sobre la Dignidad del Hombre", Dios dice a Adán:

"–No estás hecho ni de cielo ni de tierra, ni mortal ni inmortal, para que con libertad de elección y con honor, como el hacedor y moldeador de ti mismo, puedas imaginarte en qué forma tú te prefieres.

Tendrás el poder de degenerarte en las más bajas formas de vida, pero también tendrás el poder según el juicio de tu alma de volver a nacer en las más altas formas que son las divinas".

En el pecado del Paraíso está la síntesis de la historia del hombre; no ser auténticamente lo que se es, estafarse a uno mismo y vivir en continua mentira sustancial.

No son palabras mías. Están dichas por Ortega y Gasset en unas lecciones sobre la misión de la universidad en España.

Tentar a lo desconocido, buscar nuevos límites cuando no hay necesidad. Dios concedió todo lo que le hacía falta y el hombre eligió la insatisfacción permanente, creando sus propios designios y sus propias leyes.

En los primeros momentos de este Big-Bang, la entropía es mínima, como la divina, y la arbitrariedad escasa, casi no hay leyes y las pocas que hay tienen caracteres semejantes a las creadas por Dios. Eternidad, legitimidad, omnipotencia e inviolabilidad conforman los elementos imprescindibles de las primeras órdenes jurídicas. Las leyes no cambian, no se discuten, afectan a todo el mundo y no se desobedecen. El ejemplo más fiel de este compromiso es el derecho romano. El contenido particular de sus leyes era secundario, lo verdaderamente importante y trascendental es el carácter de inexorable vigencia que tenían y a las que podía recurrir cualquier individuo sin temor a ser cambiadas de la noche a la mañana. El Senado, órgano legislativo por excelencia, merecía el respeto de todas las clases sociales, tanto patricias como plebeyas porque su poder no estaba anclado en ninguna instancia terrenal.

En tiempos del emperador Tiberio, cuando todavía estaba en pañales el maremágnum legislativo que se nos venía encima, hizo su aparición una figura que cambiaría el curso de la historia. Este hombre llamado Jesús había venido del Paraíso para tratar de enderezar y acotar la más que previsible fiebre legisladora y reguladora que iba a impregnar la vida de los hombres en el futuro y que podía llevarlo a su perdición.

"No penséis que he venido a derogar la ley y los profetas, no he venido a derogarla sino a perfeccionarla. Si vuestra justicia no supera la de los maestros de la ley y la de los fariseos no entraréis en el Paraíso. (Mateo, 5, 17)

En síntesis, vino a recordar a los hombres que si quisieran, podrían volver a la situación anterior a la pifia de la manzana, que aquello no fue una situación irreparable sin posibilidad de marcha atrás. Antes bien, las puertas del Paraíso seguían abiertas para todo el que quisiera entrar, pero con una diferencia, ya no se podía hacer a priori por el sólo hecho de existir, como al principio de la creación. Había una condición y era que cada uno tenía que traspasar el umbral por sí mismo, convencerse de que es la mejor opción que tiene de entre todas las posibles. Esta aparente imposición no se puso por ganas de fastidiar al díscolo ni mucho menos, es por algo más simple: es por el hecho de que el hombre en el Paraíso decidió… *decidir*, y por eso estuvo, está y estará como vulgarmente se dice "pillao".

Jesucristo al venir al mundo, acepta implícitamente la condición humana y asume la decisión de los hombres de hacer leyes de todo tipo; leyes que a su parecer serían mejores o peores, sin embargo quiso dejar una directriz que sirviera de guía y referencia, una especie de constitución sobre la que basar el resto de leyes humanas para evitar el caos social e hiciera que ese universo paralelo que se pretendía construir se pareciera lo más posible al primigenio y genuino, el que Dios hizo al principio de la Creación.

Más tarde, Santo Tomás de Aquino intenta conciliar fe y razón humana para definir los principios de la ley natural. La define como la inferencia racional que da respuesta a las exigencias de la vida de los hombres, y siendo ésta variable a lo largo del tiempo, acepta dar a los principios de derecho natural (*iusnaturalismo*) una dimensión histórica que marcará ya cierta distancia con las leyes eternas que rigen el Universo. No obstante, todavía sigue presente en tiempos del Doctor Angélico el sentido trascendente del hombre a pesar de los inicios ya evidentes de un pensamiento racionalista que culminaría en los siglos venideros.

Desde un punto de vista jurídico y en línea con las palabras de Jesús a sus apóstoles, se puede considerar que el legado iusnaturalista de Santo Tomás contribuyó a sentar las bases de una convivencia según leyes que de otro modo hubieran sido producto del arbitrio o del capricho. Estamos ante el Derecho Natural que deduce sus principios de sus relaciones con la naturaleza de las cosas y con los otros seres y que iba a regir los destinos de la civilización durante la Edad Media. Pero el mundo avanza y el Hombre, en su empeño en seguir creando leyes, también. Estamos en los siglos de Rousseau, Kant y Montesquieu.

Las razones últimas empiezan a dejar de ser plausibles, ya no están tan claras ni se cree en ellas como antes y Dios ha pasado a ser un convidado más en el nuevo corpus legislativo de estos tiempos.

Todavía se observan atisbos de coincidencia con la esencia inmortal del Hombre pero bien que camuflados bajo justificaciones formalistas. Estas condiciones formales de la justificación del derecho son las que cobran fuerza legitimadora por sí mismas sin apelación a ningún contenido material (Dios, naturaleza).

Para Kant, los derechos humanos se fundamentan en la concepción racional del ser humano. Para Montesquieu las leyes son relaciones necesarias que derivan de la naturaleza de las cosas. Ambos no pueden evitar hacer uso de la concepción divina de las leyes a la hora de formular sus teorías.

Kant tendría un problema si se demostrara que el hombre además de "ser racional" también puede comportarse como irracional, rompiéndose en ese caso la hipótesis de racionalidad universal que presupone "a priori" y no habiendo posibilidad de apelación alguna al quedarse huérfano de instancias más sublimes.

Montesquieu utiliza la analogía con las leyes divinas para definir las humanas. Aquellas, a fuer de irrefutables, las considera necesarias para la vida, de modo que aplica el mismo tratamiento a las concebidas por el hombre.

Y por fin tenemos a Rousseau que considera la ley como "expresión de la voluntad general". Es en este momento cuando por fin tocamos fondo en la dicotomía "leyes divinas frente a leyes humanas". A partir de aquí el universo del hombre se separa radicalmente del natural, del Big-Bang creado por Dios y aparece otro nuevo en el que las leyes van a aparecer como constelaciones en virtud de esa nueva fuerza cósmica que es el *"consensus"*.

El factor clave de la legitimidad hoy día es el consenso de la masa social. Si el grueso de la ciudadanía considera que algo es legítimo en virtud del acontecer histórico del momento pues ya está, se legaliza al margen de consideraciones éticas, morales o racionales y punto. Ya no existen normas ni principios trascendentes a los que apelar. A partir de ahora, de una ley, de cualquier ley, puede salir cualquier cosa.

En las sociedades pluralistas actuales el orden jurídico se mantiene al margen de cualquier moral y fe para que en aras del sacrosanto consenso, todos los ciudadanos puedan reconocerlo como justo, cualesquiera que sean sus convicciones.

¿No se observa aquí la tremenda contradicción en que se incurre? Para mantener el estatus de *omnipotent legem*, las leyes se basan en lo que opinen los ciudadanos (principio democrático) pero las creencias morales y religiosas de los ciudadanos de ninguna manera deben reflejarse en las leyes, faltaría más! Otra vez notamos la constante esquizofrenia humana de romper por un lado con las leyes divinas y de emularlas por otro, bien que de una manera absolutamente democrática.

Con el triunfo de la concepción democrática de las leyes hemos culminado su proceso de evolución histórica alcanzándose el zénit de la arbitrariedad conceptual.

Las leyes son absolutamente caprichosas como caprichosa es la voluntad del ciudadano, y se promulgan, instituyen y derogan en virtud de voluntades (¿?) que hoy dicen una cosa y mañana otra. Se trata de la antítesis de lo creado por Dios, de ese legado universal, eterno e inmutable que constituye el sustrato en el que vivimos, nos movemos y nos relacionamos y al que todas las criaturas, queramos o no, estamos sujetos.

CAPÍTULO 2

La ley de Arquímedes y el fluido social

Se entiende por fluido aquel estado de la materia que no tiene forma definida, adoptando en cada momento la del recipiente en que se encuentra. Las partículas que lo forman están unidas por unas fuerzas que no son lo suficientemente intensas como para crear una estructura rígida y atenazada, antes bien, dejan libertad para adquirir formas adaptables.

En el ámbito humano, podríamos considerar la sociedad como una suerte de materia fluida compuesta por vida humana, la mía, la tuya, la de él, pero no consideradas en sí mismas aisladamente sino inmersas en un conjunto que es distinto de cada una de ellas y de todas, tomadas una a una.

La sociedad inglesa, por ejemplo, no es ningún inglés ni la serie de todos los ingleses singularmente considerados, sino una realidad aparte y fuera de todos ellos, es una maraña de relaciones y usos preestablecidos de la que son miembros y en la que tienen que navegar y desenvolverse.

Ya sabemos que las sociedades pueden adoptar muchas formas y que existen disciplinas que las estudian más o menos a fondo como la sociología, la antropología y otras. Las fuerzas de unión en tal fluido serían las tendencias gregarias y grupales inherentes al ser humano con su cúmulo de sentimientos, relaciones, tensiones y afectos. Tal carga, distribuida entre los individuos nos daría una idea de la densidad que posee.

En Física la densidad se define como la relación entre la masa y el volumen de un cuerpo. En términos sociales, se traduciría en la mayor o menor cohesión de lazos sentimentales (no importa al caso si son afectivos o destructivos) entre una misma cantidad de individuos.

En sociedades muy densas, sean éstas de animales o personas, la penetración es difícil por la fuerte interrelación social que existirá entre sus miembros. Por contra, en sociedades muy fluidas, más abiertas, uno tendría más fácil acomodo a la hora de entrar en ella.

Cabría también aplicar a las sociedades, el famoso principio de Arquímedes. Según éste, un cuerpo desplaza el equivalente en peso del volumen de agua que ocupa. En clave humana significaría que la importancia social de una persona podría reconocerse a posteriori por el volumen efectivo de sentimientos y reacciones que provoca su ausencia. Este cuerpo que es el ser humano, al desaparecer del medio social en que está inmerso, crea un vacío; de alguna manera la gente se "acuerda" de él, unos para bien, otros para peor. Algunos dejan un vacío muy grande lleno de añoranzas y buenos recuerdos, otros sólo resentimiento y rencor y finalmente los hay que no generan ni una cosa ni otra, sencillamente pasan sin pena ni gloria.

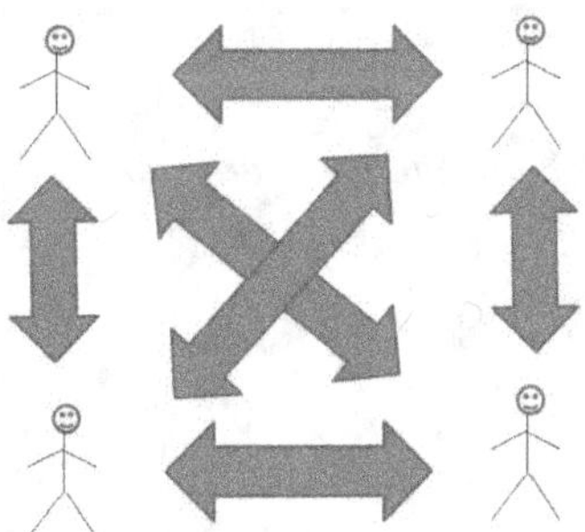

Figura 1. Sociedades densas

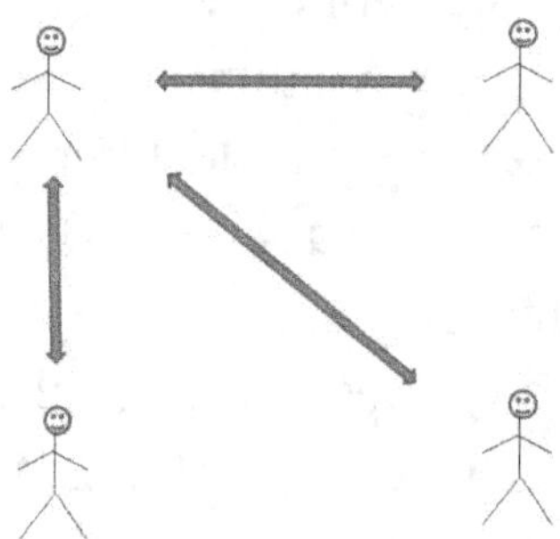

Figura 2. Sociedades fluidas.

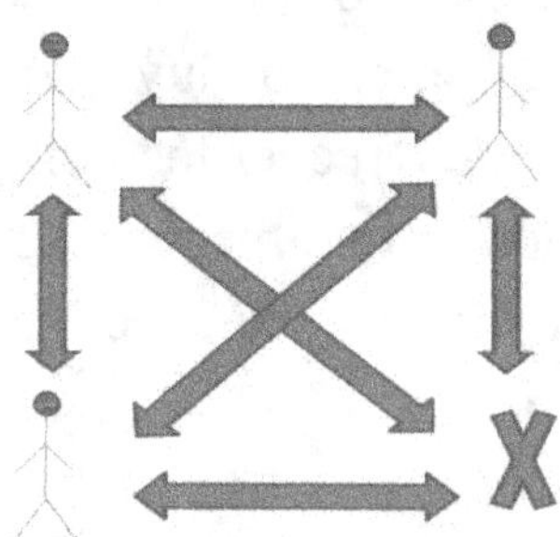

Figura 3. Sentimientos generados en sociedades densas.

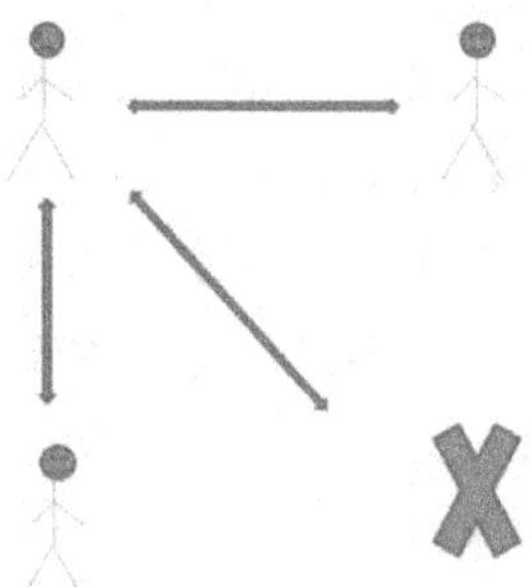

Figura 4. Sentimientos generados en sociedades fluidas.

En España tenemos un ejemplo claro de contraposición de densidades en las sociedades vasca y catalana y para ello, hemos escogido como indicador la penetración de ciudadanos extranjeros en cada una. Según el INE con datos del 2011, el porcentaje de población extranjera en Cataluña es del 3,13%, mientras que en el País Vasco baja al 0,78%. La proximidad de ambas comunidades con Francia y con el resto de Europa nos permite descartar cualquier influencia geográfica en los resultados del análisis. El idioma tampoco es significativo en la comparativa, dado que las dos tienen lengua propia y el problema lingüístico sería similar. Podría explicarse la diferencia teniendo en cuenta el poder económico de cada región, considerando más atractiva para personas inmigrantes la región más rica, pero tampoco nos sirve esta variable, ya que según el mismo INE, la renta anual media por hogar en el año 2013 era de 34.487 € en el País Vasco frente a los 30.423 € de Cataluña, es decir, los vascos son más ricos pero reciben menos gente, es más cerrada y por tanto desde nuestro análisis hidráulico, más densa que la catalana[1].

Es constitutivo de todo grupo social o colectivo humano muy denso la concentración en sí mismo, entendiendo por ello la ausencia de contacto con el medio exterior. A una sociedad así no le interesa nada de lo que pasa en el resto del mundo.

Vive inmersa en un mundo de costumbres, de tradiciones, y lo que es más importante, de figuras, que aparecen aquí y allá como héroes de leyenda magnificándolas hasta la categoría de mitos en una realidad cotidiana que para ellos es "la" realidad, la única posible.

Es todo lo contrario de las sociedades de masas actuales, profundamente diluidas, donde las relaciones humanas llegan en algunos casos a cotas no infinitas sino infinitesimales. Aquí no hay ya

---

[1] Es claro que como toda hipótesis, lo que se plantea está sujeto a discusión. Las conclusiones subjetivas se han obtenido de datos objetivos aplicados a variables estadísticas que evidentemente no tienen el carácter de concluyentes sino sólo aproximadas.

mitos, y si los hay son convenientemente prefabricados por potentes medios de comunicación de masas que, tras un ejercicio de maquillaje *dermoestético*, se diluyen como azucarillo en agua a poco de haber sido creados.

Una sociedad densa tiene fe en sí misma; fe en sus tradiciones, en sus usos inmemoriales y en su concepción de las cosas del mundo. Sienten la proximidad de sus semejantes y lo consideran como algo propio. No hay entes anónimos pululando por el foro sino almas con solera y vida. Cada una ocupa su lugar en la sociedad y cualquier ausencia deja un vacío que no deja indiferente a sus miembros.

La España de Felipe IV o el Madrid de finales del XIX son ejemplos de sociedades retraídas sobre sí mismas. Por el contrario, el XVI fue el siglo de las grandes conquistas y de apertura de los españoles a nuevos mundos.

Las costumbres de las sociedades muy densas están ancladas en lo más profundo de las raíces del pueblo donde nacen. No se discuten; quien apela a ellas tiene el consenso de todo el mundo por lo que la respuesta es automática. La ley que regula un fluido de estas características no necesita fuerzas externas para mantener unidas sus partículas (miembros) como ocurre con los más volátiles (gases). En ellos la densidad es tan baja, que sus moléculas prácticamente van por libre, sin apenas roce entre unas y otras. Para mantenerlas juntas necesitamos una fuerza exterior, una presión que las aglutine y las ubique en un recinto cerrado.

Esta curiosa propiedad de las sociedades con alma colectiva y saturadas de fe en sí mismas que no necesitan presiones externas (normas jurídicas) para funcionar, es lo que normalmente llamamos con una palabra que no siempre es entendida de la misma manera por quienes apelan a ella; *la legitimidad*.

Los miembros de una sociedad saturada de legitimidad, sienten, padecen y actúan de acuerdo con unas normas inveteradas que emanan desde el fondo de sus entrañas; no se cuestionan porque *creen en ellas* como se cree en las propiedades hipotensoras del muérdago. Un fluido de estas características es fácil de dirigir, encauzar y manejar no porque sus miembros sean dóciles, manejables o imberbes, sino porque la persona que ostenta el mando que sea, está impregnada de la legitimidad plena que le otorgan todos sus miembros. Por contra, una sociedad poco densa, aérea, necesita apalancarse de alguna manera mediante mecanismos de presión adecuados para tener convenientemente sujetas en un recinto a sus partículas integrantes.

En el ámbito social esta presión no es otra que el conjunto de leyes y normas jurídicas que inundan nuestra vida pública y privada, conformando una especie de telaraña jurídico-social que lo envuelve todo y que resulta de todo punto engañosa, artificiosa e inestable, y... ¿por qué? Sencillamente porque *no es legítima en el sentido radical de la palabra*, por muchas leyes que se fabriquen.

La prueba de esta ilegitimidad manifiesta está en las continuas manifestaciones públicas que se hacen en contra de leyes aprobadas por el poder supuestamente legítimo, bien apelando a su impugnación, cuando no a su desobediencia o incumplimiento descarado.

Descartes, en su *Discurso del Método* allá por el año 1637 citaba lo siguiente: "La multitud de las leyes proporciona muchas veces excusas a los vicios, de manera que un Estado está mucho mejor regido cuando tiene bien pocas de ellas, pero muy estrictamente observadas". Pensemos por ejemplo en la diferencia entre la sociedad inglesa y española; la primera no tiene constitución (por lo visto no le hace falta); la española sí, y una y bien grande, nada menos que 169 artículos. Podemos sacar conclusiones.

Se piense lo que se piense, la legitimidad primigenia, la auténtica y monolítica que ha existido en casi todos los pueblos a lo largo de la historia es la obtenida *"por la gracia de Dios"*. Es la legitimidad pura, la que se siente como tal porque está fundada en la creencia que tiene todo pueblo de que el ejercicio del Poder que emana de ella lo realiza quien verdaderamente tiene derecho a hacerlo. Es el *consensus* que decían los romanos y que sólo se obtiene a través de una concepción *religiosa* del mundo. Cuando esta creencia se debilita, se cuartea, la legitimidad se pierde, se vuelve insaturada y quebradiza y se pasa a otra todo lo justificada y eficaz que se quiera pero ya más deficiente. En términos hidráulicos, podríamos decir que el fluido se ha vuelto más ligero y voluble. El poder es ya cuestionado y cuestionable y cuanto más cuestionado, más dosis de ilegitimidad aparece en él. Las sociedades de masas actuales, impregnadas de ilegitimidad endémica por ausencia de algo en lo que creer, necesitan de mecanismos sustitutorios para justificar el ejercicio del orden social. Se busca una fórmula que aun reconociendo el carácter ilegítimo, provisional y cuestionado del cargo que sea, satisfaga de alguna manera los intereses de los distintos componentes del cuerpo social. En ella se basa la llamada legitimidad democrática de que tanto se habla. Un líder democrático no apela a sus virtudes, a la historia inmemorial de su pueblo o a las tradiciones y méritos que pueda tener y que emanan de la gracia divina que le ha dado el Ser Supremo para ejercer el cargo. Apela a algo tan frío como el ordenamiento jurídico en vigor y tan inconsistente como la opinión puntual de unos cuantos que son más que otros menos (principio democrático). El preboste de turno pasa el tiempo justificándose constantemente ante la opinión pública y lo hace no por afán de vanagloria, sino por algo más simple, porque detrás de tanta afectación y tanto discurso siente en sus carnes la ilegitimidad del cargo que ostenta.

CAPITULO 3

Redes eléctricas vs redes sociales

Las leyes de la electricidad dicen que la intensidad de una corriente es directamente proporcional a la tensión aplicada e inversamente proporcional a la resistencia encontrada. Los electrones son polarizados en función del potencial que se les aplica.

Llevando dicho principio a los fenómenos de aglomeración social, la tensión aplicada sería la motivación volitiva generada por la causa que sea, un mitin político, un deseo colectivo, una convocatoria a través de móviles, etc., y la corriente sería la marea humana polarizada hacia una dirección y bajo un mismo motivo. Pero esta corriente se encuentra con resistencias, que se oponen a su paso. Cuanto mayor sea, más energía se gasta en rozamiento y colisiones, según sabemos por la ley de Joule. Una gran corriente humana generada puede tener efectos catastróficos si se encuentra con altas resistencias a su paso. Imaginemos 100.000 personas en un estadio de fútbol al término del partido. El potencial aplicado (hay que salir del estadio) es fundamental para determinar el flujo de corriente con la resistencia existente en este circuito (espacios de salida limitados).

En condiciones normales la intensidad de salida es baja (poco potencial) y el estadio es evacuado sin problemas. En cambio, un alto potencial (alarma generada por alguna causa) puede provocar una marabunta humana de consecuencias imprevisibles.

En las sociedades de masas actuales, las autoridades así como los llamados poderes fácticos y grupos de presión actúan como auténticos generadores eléctricos modulando la tensión aplicada al medio (masa social) según el catálogo de intereses que tengan en cada momento. Una sociedad de masas no polarizada es ingobernable, ya que su respuesta a un estímulo en condiciones normales sería aleatoria (habría respuestas espontáneas dependiendo de la realidad radical de cada uno). En el terreno de las leyes naturales, la física del sólido nos confirma que los electrones se mueven por el cuerpo de una forma un tanto aleatoria; se necesita una energía exterior para encauzar su comportamiento y dirigirlo hacia un destino concreto, p.ej. mover un motor, iluminar una habitación o controlar una placa de ordenador.

El flujo de personas en una sociedad lo podemos asimilar al comportamiento de un circuito eléctrico donde una serie de dispositivos convenientemente conectados entre sí, hacen que los electrones circulen a través de él en una determinada dirección. Los generadores crean la tensión necesaria (diferencia de potencial) para inducir la corriente. Los condensadores actúan como almacenes, acumulando en su interior tanta carga eléctrica como capacidad tengan. La bobina actúa como estabilizador del sistema oponiéndose a las variaciones de corriente y el conductor proporciona el camino por donde discurrir las cargas eléctricas y ofrecerá más o menos dificultad a su paso (resistencia) dependiendo de las características del material soporte.

En términos sociales, los corredores (conductores) por donde transita la masa deben dimensionarse de acuerdo con el flujo generado (intensidad). Equivale a hablar del conjunto de infraestructuras necesarias para que una muchedumbre humana pueda moverse con cierta comodidad sin llegar al colapso.

Para hacernos una idea del desarrollo tan espectacular que han tenido los medios de transporte, fijémonos en la evolución de la red de carreteras españolas desde 1960 hasta 1996. En 1960 había en España un turismo por cada 100 habitantes, en 1996 alcanzamos la cifra de casi ¡4 turismos por habitante! Este aumento tan espectacular tiene su correspondencia en los kilómetros de carretera construidos. En 1960 eran aproximadamente 80.000, mientras que en 1996 la cifra llega a algo más de 664.000. Como vemos, una verdadera red de comunicaciones que sin embargo resultaría insuficiente si todos los vehículos quisieran utilizarla simultáneamente ya que, sencillamente no cabrían. Es como decir, siguiendo nuestra terminología eléctrica, que todos están polarizados en una misma dirección. Ya veremos más adelante cómo estos detalles nos van a servir para inferir algunas ideas sobre el principio del bienestar en una sociedad de masas.

En lo concerniente a la movilidad, las sociedades humanas se han diferenciado siempre del resto de especies naturales al ser más sedentarias, creando núcleos estables de residencia y reposo. En el símil eléctrico, estaríamos hablando de los condensadores. En una sociedad de masas se corresponderían a las infraestructuras inmobiliarias que sirven de alojamiento a sus miembros tanto para fines hogareños como laborales, culturales o industriales. Actúan como colchones, amortiguando el trasiego de personas por los diferentes corredores de transporte existentes. Hay que puntualizar que al hablar de corredores, nos referimos no sólo a los grandes medios de comunicación; carreteras, ferrocarriles o transporte aéreo, sino a cualquier elemento que pueda ser utilizado como vehículo de desplazamiento; ascensores, escaleras, pasillos, etc.

A medida que el modelo de vivienda ha ido perfeccionándose a lo largo del tiempo, ha aumentado el grado de sedentarismo de las comunidades humanas. En las sociedades primitivas no había apenas vivienda, era todo fluidez, movimiento, migraciones a nuevas tierras y nuevas experiencias. Sus miembros no se sentían adscritos a ningún sitio en concreto y por eso no tenían arraigo alguno, cualquier lugar era bueno si se sentían a gusto en él y el hogar no tenía más límites que la bóveda celeste.

Posteriormente, el efecto condensador ha sido el crisol donde se han ido forjando las relaciones del hombre con el medio, dando pie a los distintos arquetipos antropológicos (clases de carga) que han configurado el mosaico de particularismos en las sociedades. Pueblos, ciudades, comarcas, regiones, países, todos ellos se pueden considerar como frutos del efecto condensador en la sociedad. Su capacidad mide la cantidad de carga que es capaz de absorber; así en el terreno humano habrá núcleos urbanos con una gran población (Nueva York, Tokio, Londres) y otros con escasa capacidad (villas de los cantones suizos). Las leyes naturales de la electrostática nos dicen que esta carga almacenada puede fluir más o menos intensamente dependiendo de varios factores. Por ejemplo, una sociedad con elevada resistencia del medio tenderá a crear estructuras más bien capacitivas, con casas bien acondicionadas y confortables y sus componentes tenderán a quedarse en ellas más que a buscar el aire libre. Esto suele pasar en países de latitudes bajas, con ambientes fríos y desangelados donde el medio no invita a desplazarse a menos que sea necesario. En cambio en zonas meridionales y tropicales, el tiempo acompaña más, el efecto capacitivo no es tan intenso y la calidad de los hogares no es tan primordial. La vida se hace en la calle, la gente fluye de un lado a otro y la vivienda resulta el último recurso.

Las sociedades muy capacitivas son más fáciles de polarizar que las que no lo son; son más receptivas a la creación de ciertos estados de opinión que pueden tener consecuencias en amplios espectros de la vida colectiva, ya sean políticas, sociológicas o éticas. Si son positivas, el resultado será una sociedad próspera y bien organizada como las naciones nórdicas o sajonas. En cambio, mal polarizadas darían lugar a experimentos ideológicos devastadores, como lo ocurrido en la Segunda Guerra Mundial con fascismos de uno u otro signo.

En la terminología de leyes naturales, podemos decir que cargas polarizadas en direcciones opuestas se anulan y en el mismo sentido se suman. Las tensiones contrapuestas han originado a lo largo de la historia conflictos y enfrentamientos entre pueblos cuyo resultado, como no podía ser menos, ha sido la anulación y destrucción de unos y otros. Desde esta perspectiva, las guerras serían el resultado de varios condensadores geopolíticos humanamente cargados con tensiones muy contrapuestas; la paz, en cambio, una cadena de los mismos polarizados todos en la misma dirección. Las leyes naturales lo dicen claramente; si pongo dos condensadores en paralelo cargados en el mismo sentido, la carga total que generan es la suma de ambos, en cambio en oposición, no solamente no generan la carga que podría cada uno por separado, sino que se anulan mutuamente.

La asociación de condensadores en paralelo tiene la siguiente configuración:

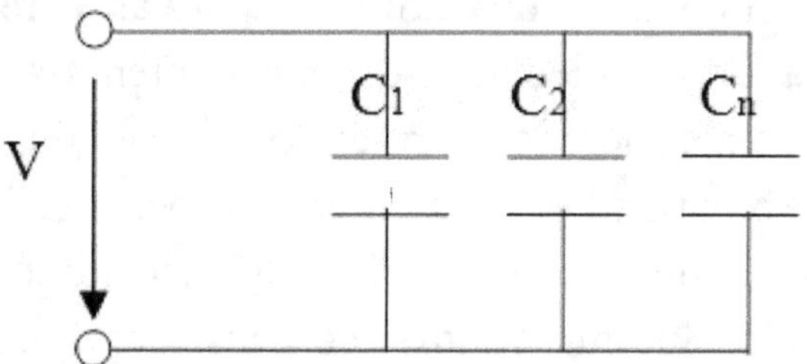

Figura 5. Asociación de condensadores paralelos.

La capacidad total del conjunto es la suma de cada uno de sus componentes:

$$C_{Total} = C_1 + C_2 + \cdots + C_n$$

La carga total que puede dar el conjunto para la misma tensión aplicada es:

$$Q_t = VC_{Total}$$

y el trabajo que generarían sería:

$$W = {}^1\!/_2\, Q_t V$$

Como aplicación de estos principios al terreno social, cojamos el comportamiento de dos países, EEUU y España, con realidades socio-políticas muy diferentes, y veamos la respuesta. En el caso de EE.UU. la nación se constituye como una unión de estados bajo una única bandera que representa el símbolo de la unidad nacional y sería un ejemplo de circuito con condensadores polarizados en la misma dirección:

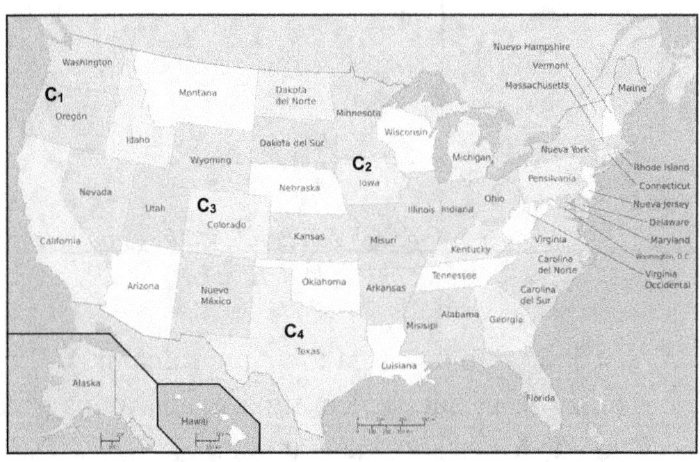

Mapa 1. Estados de los Estados Unidos de América.

Dónde:
C1 = Oregón,
C2 = Iowa,
C3 = Colorado,
C4 = Texas,

...

C50

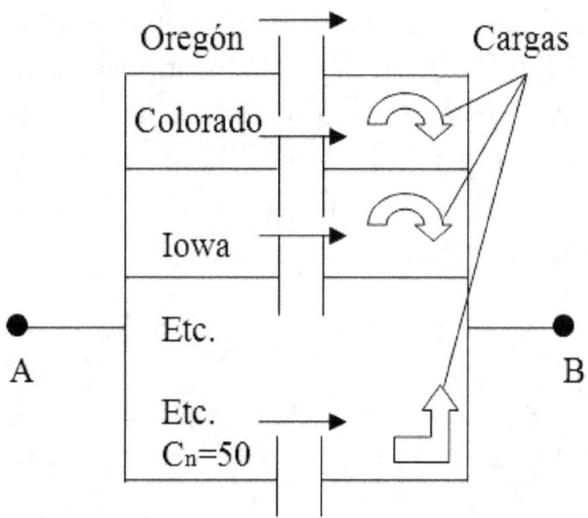

Figura 6. Circuito con condensadores polarizados aplicado a EEUU.

Por tanto, la carga total que sale por A-B es la suma de la que tienen almacenada todos y cada uno de los estados de la unión:

$$C_{EEUU} = C_1 + C_2 + C_3 + C_4 + \cdots + C_{50}$$

En el caso de España tenemos un conjunto de regiones constituidas en autonomías, comportándose cada una como un ente aparte dentro del entramado paralelo que las une. El efecto resultante no es sumativo sino sustractivo. A veces coincidirán, lo que ya de por sí es un éxito, y a veces no. Es un ejemplo de circuito con condensadores no polarizados en la misma dirección:

Mapa 2. Comunidades Autónomas de España.

Dónde:

C1 = Andalucía,

C2 = Castilla y León,

C3 = Cataluña,

…

C17 

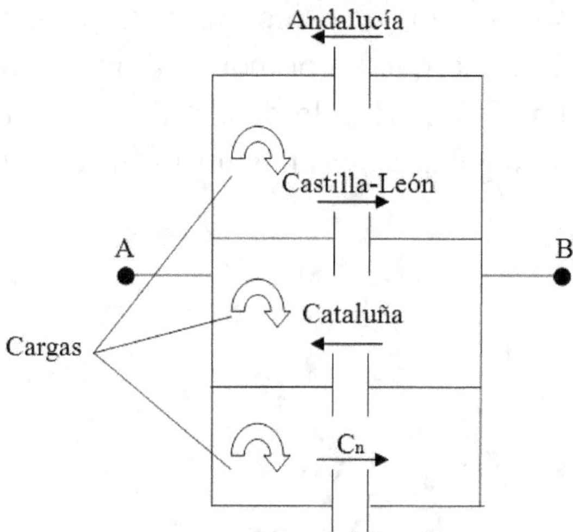

Figura 7. Circuito con condensadores no polarizados aplicado a España.

La energía de Castilla-León se disipa en Andalucía, la de Cataluña en Madrid y así sucesivamente. El resultado es que por los terminales A-B no sale carga, que es por donde debería, y el trabajo global resulta ser muy inferior al caso anterior:

$$C_{España} = C_1 - C_2 + C_3 - C_4 + \cdots \pm C_{17}$$

Estos flujos generados en una sociedad de masas son de diferente naturaleza y condición. Unos son físicos, como el derivado del desplazamiento de personas o materiales de un lugar a otro, otros tiene que ver más con los estados de opinión y las leyes de comportamiento establecidas. Para regular tales flujos y no dejar margen a corrientes disruptivas que desestabilicen el entramado social, se recurre a elementos que garanticen estabilidad al sistema, controlando las variaciones sobre la norma establecida. En un circuito eléctrico, esta función la realiza la bobina o solenoide que es el elemento que se opone a toda variación de flujo de corriente existente, y en una sociedad de masas, la bobina por excelencia es el Estado. Es el gran regulador del comportamiento de los ciudadanos y lo hace prácticamente en todos los ámbitos. Aquí podrían venir a colación las palabras que Ortega y Gasset escribió a cuenta del desarrollo desmesurado de la estructura del Estado y que de alguna manera no están exentas de halo profético.

El filósofo explica el gran peligro que supone la estatificación de la vida y la absorción de toda espontaneidad social. Se vivirá para el Estado, llegándose a la mengua absoluta de la sociedad mediante la burocratización, que no es sino el paroxismo de la función reguladora estatal llevada al límite. Para que esto ocurra, está claro que se necesitan elementos que pongan las bobinas en funcionamiento, son los llamados "bobinadores", que en la estructura del Estado los encontramos por doquier. Pululan como mariposas por todas partes y están puestos ahí para no hacer otra cosa que regular, regular y regular. Concejales, diputados y secretarios, ministros, consejeros y senadores; todos a una embarcados en una sola misión, a saber, imponer normas a los ciudadanos, sean buenas malas o regulares. Son máquinas de crear normas y como decía Ortega, "el pueblo se convertirá en carne que alimentará la máquina". El Estado, instrumento inicialmente creado para administrar eficazmente el funcionamiento de una sociedad de masas, se ha reproducido de tal manera, avivado por ese afán de hiper-regulación, que ha penetrado hasta en los lugares más íntimos y privados, violentando los ámbitos de vida más personales. Los bobinadores, en su furor por regular el comportamiento de los miembros de la sociedad, se creen en el derecho de normalizar, fiscalizar y legislar todo lo que se mueve, despojando al atónito ciudadano de su condición más básica; su iniciativa personal, que a lo que parece, tiene poco valor frente a la mayor gloria del orden superior establecido.

No se contenta con regular cosas fundamentales, como la defensa de la sociedad, la administración de justicia, la construcción y mantenimiento de caminos y puentes o los establecimientos de educación y salud. Pretenden también impartir lecciones de conducta en lo moral, en religión, en artes, en costumbres, en fiestas, incluso en las cuestiones familiares entran a saco cuando ninguna de estas manifestaciones del ser humano toca siquiera tangencialmente lo que significa el armazón *megaférrico* del Estado. Lo gracioso del caso es que una bobina en un circuito eléctrico no es un elemento activo que genere electricidad, es un elemento pasivo, no crea energía per sé, la consume, y mientras mayor sea, más energía consume. Para que fluyan las cargas (en nuestro símil, para que la sociedad funcione) debe haber previamente una fuente que la suministre.

Podríamos resumir lo dicho en el siguiente esquema, donde R representa la resistencia, L la bobina y C el condensador.

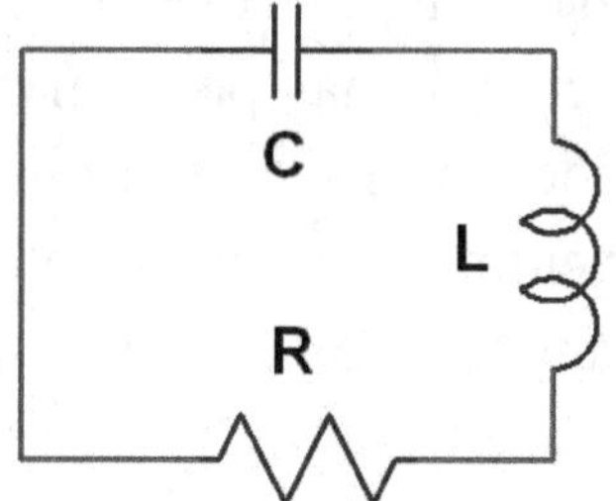

Figura 8. Esquema resumen.

El caudal de cargas eléctricas en un momento determinado de nivel "I" representa el flujo de masas moviéndose de un lado para otro.

El efecto resistencia sólo depende de lo grande o pequeño que sea el medio de transporte por donde fluye la corriente, con independencia de cómo varíe ésta con el tiempo. Si son autovías, se circulará cómodamente y sin problemas; si son carreteras de montaña y muchos camiones en fila, debemos armarnos de paciencia para soportar los atascos.

En el efecto condensador sí interviene la variación de corriente y lo hace de modo inverso, de tal manera que a más variación, menos efecto condensador tendremos (muchos desplazamientos implican poca residencia).

La bobina no tiene ninguna influencia en el circuito si la corriente permanece constante (se obedecen las señales de tráfico = no aparece la Guardia Civil). A medida que nos desviamos de la norma, el efecto bobina opone una resistencia que va aumentando en proporción directa a la variación de corriente (no se obedecen las señales de tráfico = aparece la Guardia Civil y nos llueven las multas).

CAPITULO 4

Autocracia vs Democracia

Ya se vio en el primer capítulo cómo el hombre fue separándose de los lazos divinos de manera paulatina para llegar por fin a la fórmula mágica, base de toda legitimidad, del consenso social. Este consenso es el que va a impregnar todo el corpus legal y al que se va a apelar una y otra vez cuando se cuestione su validez. Desde ahora no se tienen más armas que la mera imposición de la magnitud grande sobre la pequeña. En democracia todo se reduce a la aplicación simple de la sucesión monótona creciente de números naturales $1 < 2 < 3 < 4 < 5 < 6$, etc.

Si A=6 y B=3, $6 > 3$ (según la serie anterior) y esto implica que "A" tiene más razón que "B" y se hace lo que diga A independientemente de cualquier consideración. B está fastidiado y ya puede esgrimir todas las razones que desee que por muy contundentes y veraces que sean, "A" será en definitiva quien tendrá "la *razón*". Es ésta una razón de nuevo cuño que no tiene nada que ver con la histórica de Ortega o la razón pura de Kant o los principios racionalistas de Descartes, por poner algunos ejemplos. La razón que ampara a "A" no tiene más fundamento que la aplicación de las propiedades de la sucesión monótona creciente de los números naturales a cualquier tema. Bien mirado, es bastante sencilla de asumir y aprender frente a los enormes tratados ético-filosóficos de los grandes pensadores de la historia.

Gracias a esta pirueta socio-matemática, caben todas las combinaciones que se derivan de aplicar la propiedad sumativa a los números naturales. Una vez reducidos los programas legislativos de los partidos políticos a meros guarismos, el debate sobre ideas y principios deja paso a una simple cuestión de cálculo numérico.

$67 > 35$, $67 > 59$ y $59 > 35$ pero $67 < 35 + 59$ por tanto, dependiendo de cómo operemos con los números, las combinaciones legítimas pueden ser unas u otras. Nada sabemos de lo que hay tras el 67, 35 o 59 pero da igual, lo importante será la forma en que sus dueños jueguen con tales guarismos.

Una democracia así planteada llega al máximo de consenso social y a la vez al mínimo de legitimidad. Por un lado, los principios matemáticos evidente-mente son incuestionables pero por otro las cuestiones legislativas derivadas del orden moral se banalizan hasta grados inverosímiles.

Recordemos que en un principio la autoridad divina impregnaba el orden político y que todo el cuerpo legal estaba basado en ella.

En España los precedentes de las cortes peninsulares están en los concilios toledanos de la época visigoda que sin perder el carácter religioso-eclesiástico, se convierten en asambleas políticas a partir de la conversión de los visigodos al catolicismo.

Nada hay más chocante, a los ojos de un legislador actual, que la Asamblea celebrada en León por Alfonso VII en 1135 con arzobispos, obispos, condes y príncipes cuyo orden del día fue más o menos el siguiente:

"Primer día: Cuestiones que afectan a la salvación de las almas (!)

Segundo día: Coronación del emperador

Tercer día: Confirmar leyes y costumbres de épocas anteriores y reconstrucción de villas afectadas por la guerra

No sólo los concilios actuaron de precedente de las cortes actuales. En Cataluña por ejemplo, para mantener pacificado el territorio en tiempos difíciles se convocaban las asambleas de paz y tregua."

Estas asambleas tenían sus orígenes en la promulgación de la paz y tregua de Dios por los eclesiásticos durante las fiestas litúrgicas para facilitar el acceso de los fieles a los oficios divinos.

Con el tiempo se fueron incorporando nuevos sectores sociales a estas constituciones llegando en 1198 a incluirse bajo protección de la paz y tregua a ciudadanos, burgueses y hombres de las villas reales, ferias, mercados y judíos.

También por esa época aparecen nuevos estamentos en las cortes castellanas. En 1188, Alfonso IX habla en las actas de la presencia de ciudadanos elegidos de cada una de las ciudades en la asamblea leonesa por lo que podría hablarse ya de un inicio de cortes representativas.

Como vemos, los estamentos representados en las cortes en un principio eran pocos y se limitaban a los más influyentes como el clero, la nobleza y los príncipes, ampliándose posteriormente a nuevos miembros a medida que los sectores urbanos iban adquiriendo mayor importancia.

Así las cosas, el poder legítimo, inicialmente concentrado en una sola institución representativa de toda la sociedad, se va dividiendo con objeto de ampliar el consenso y las garantías de estabilidad. No se debe olvidar que las reuniones de cortes nacen como asambleas donde coinciden y colaboran el monarca y los representantes de los brazos o estamentos. En unas se habla de confirmación de privilegios, en otras de ayuda económica o militar al monarca y en otras más que de colaboración podría hablarse de imposición por parte de los representantes de los brazos sociales al monarca.

Se observa cómo este fenómeno histórico de subdivisión del poder en partes cada vez más pequeñas sigue una tendencia que podemos estudiar desde las leyes matemáticas del cálculo. Según éstas, un objeto, por muy complicado que sea, puede analizarse descomponiéndolo en partes muy pequeñas llamadas infinitésimos. A partir de ellos y observando la ley o función matemática que lo define, podemos calcular cualquiera de sus magnitudes; longitud, área, volúmenes, puntos críticos, etc.

Un infinitésimo por definición es un valor que tiende a cero, es decir, es un *cuasicero*. La suma de todos estos *cuasiceros* que componen el objeto da un valor concreto que define la magnitud a medir.

Supongamos que los contornos de la figura 9 representan las fronteras de un país y el volumen que encierra, el conjunto de voluntades de la masa social que hay en su interior. Al ser el recinto un tanto complejo, el cálculo de su volumen no resulta tan evidente, no hay una fórmula clara para obtenerlo (en nuestro símil, sería difícil que una persona; llámese rey, príncipe, pueda obtener la representación de la voluntad de todos los estamentos del país) y resulta más práctico echar mano de los infinitésimos para resolverlo (hay que repartir el poder).

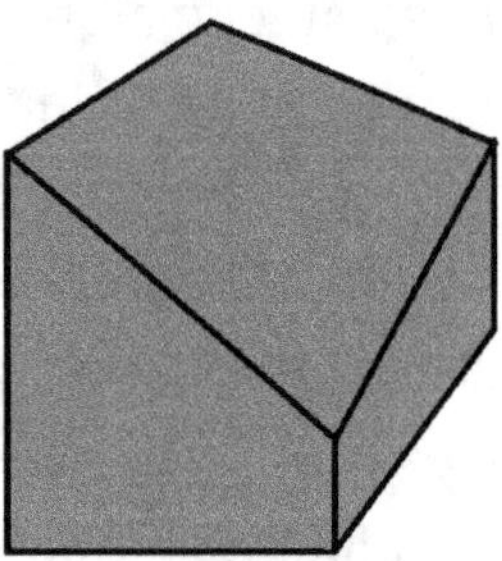

Figura 9

Una primera aproximación sería rellenar el recinto con un número finito de figuras más sencillas cuyo volumen resulte fácil de calcular, como los prismas rectangulares (Figura 10).

Cogemos 16 prismas, todos de la misma base y con alturas que se van fijando en función de la forma del recinto, sumamos el volumen de todos ellos (suma de voluntades de todos los estamentos representativos) y el resultado será una aproximación del volumen total (voluntad general de la ciudadanía).

Figura 10

Se ve que el resultado del cálculo así realizado refleja cierto parecido con el valor buscado (volumen real de la figura) pero la diferencia entre uno y otro todavía es patente.

Para obtener una mayor aproximación, reducimos el tamaño de los prismas haciendo la base aún más pequeña, de manera que ahora entran más en el recinto, ajustando la altura como antes para que se asemeje lo más posible al contorno (hay más grupos representativos en las asamblea) (Figura 11).

Figura 11

En términos democráticos, la medida del poder (magnitud a calcular) ha ido repartiéndose a lo largo de la historia en unidades cada vez más pequeñas hasta llegar a la mínima expresión social que es el ciudadano, de aquí no podemos pasar. Hemos llegado al régimen de soberanía popular, la antítesis de la autocracia y la dictadura. El ciudadano en tal sistema es un infinitésimo de ese poder y los partidos políticos la función integral que aglutina y recoge la suma de las voluntades convenientemente filtrada, adobada y banalizada. Dependiendo de la fórmula de ejecución de esa función integral, aparecen interpretaciones de democracia participativa para todos los gustos; desde la inglesa o americana, hasta la francesa e italiana y terminando por qué no, con la venezolana, cubana y ya puestos, la egipcia. Todas se definen como democracias populares y, en todas, el ciudadano tiene una participación infinitesimal en la elección del gobierno de la nación. Tomemos el ejemplo de un país con cuarenta millones de electores potenciales. En este caso, el poder se encuentra dividido en cuarenta millones de partes y cada parte tendría $1/40.000.000 = 0,000000025$ del total. Casi nada. Esta sería la parte alícuota de poder que le corresponde a cada uno y que puede utilizar cada vez que se le convoque a las urnas.

Con estos presupuestos, el ordenamiento jurídico-legal, inicialmente soportado por leyes trascendentes y prácticamente inmutables, se convierte en una caja de Pandora llena de ocurrencias y dislates. Basta con que una idea obtenga los apoyos necesarios para que la propuesta, por muy absurda y ocurrente que sea, salga legalmente adelante. No hay ya ninguna norma que esté libre de esta marea imperante de leyes aritméticas aplicadas al derecho. Veamos si no, lo que dice el catedrático Enrique Pérez Nuño en su libro *La filosofía del Derecho*:

"Pocos problemas de la teoría jurídica suscitan la perplejidad y desorientación, en mayor medida, que el que hace referencia a la debatida cuestión de las llamadas fuentes del Derecho".

Tras este análisis de cálculo infinitesimal aplicado a la democracia, observamos una curiosa coincidencia. Sus reglas están basadas en una idea tan rancia y tan antigua que ya existía allá por el siglo VI a.C., cuando la escuela pitagórica sentenciaba que todas las cosas son en esencia, números. Y precisamente por eso un pitagórico de entonces transportado al siglo XXI quedaría extrañado del entusiasmo manifestado por un ciudadano hablando de lo importante que resulta su voto en un sistema democrático. Para él, y pensando desde la perspectiva de este feliz votante, tanto da una dictadura como una democracia. En una, la participación en el poder es cero. En la otra se reduce a un infinitésimo, o lo que es lo mismo, a casi cero.

CAPÍTULO 5

Orden vs Desorden

Ulises: Los cielos mismos, los planetas y este globo terrestre observan con orden invariable las leyes de categoría, de la prioridad, de la distancia, de la posición, del movimiento, de las estaciones, de la forma, de las funciones y de la regularidad, y por eso este esplendoroso planeta, el sol, reina entre los otros en el seno de su esfera con una noble eminencia; así, su disco saludable corrige las malas miradas de los planetas funestos, y, parecido a un rey que ordena, manda sin obstáculos a los buenos y a los malos astros. Pero cuando los planetas andan errantes, en desorden en una mescolanza funesta, ¡qué plagas y qué prodigios entonces!, qué anarquías, qué cóleras del mar, qué temblores de tierra, qué conmociones de los vientos! Fenómenos terribles, cambios, horrores, trastornan y destrozan, hienden y desarraigan completamente de su posición fija la unidad y la calma habitual de los Estados. ¡Oh! Una empresa padece bastante cuando se quebranta la jerarquía, escala de todos los grandes designios. ¿Por qué otro medio sino la jerarquía, las sociedades, la autoridad en las escuelas, la asociación en las ciudades, el comercio tranquilo entre las orillas separadas, los derechos de primogenitura y de nacimiento, las prerrogativas de la edad, de la corona, del cetro, del laurel podrían debidamente existir? Quitad la jerarquía, desconcertad esa sola cuerda y escuchad la cacofonía que sigue. Todas las cosas van a encontrarse para combatirse; las aguas contenidas elevarían sus senos más altos que sus márgenes, y harían un vasto pantano de todo este sólido globo; la violencia se convertiría en ama de la imbecilidad y el hijo brutal golpearía a su padre a muerte; la fuerza sería el derecho; o más bien el derecho y el revés, cuya eterna querella está contenida por la interposición de la justicia, que establece su residencia entre ellos, perderían sus nombres y así haría la justicia. Entonces todas las cosas se concentrarían en el poder, el poder se concentraría en la voluntad, la voluntad en el apetito, y el apetito, lobo universal, doblemente secundado por la voluntad y el poder, haría necesariamente su presa del universo entero, hasta que al fin se devorase a sí mismo.

Troilo y Crésida, de William Shakespeare (1602)

El comportamiento social sigue unas pautas que no difieren mucho de aquellas que rigen los destinos de cualquier proceso en la naturaleza.

¿Por qué los planetas son redondos y no cúbicos?, y ¿por qué una piedra cae siempre hacia abajo y nunca hacia arriba?

Los físicos han tratado de dar respuesta a estas y otras preguntas apoyándose en la observación y en el conocimiento empírico dado por la experiencia que confirma o desmiente las hipótesis establecidas. Se llega así a la conclusión que hay leyes que se cumplen no por haber sido sentenciada por una alta magistratura sino porque, valga la redundancia, todos los seres de la naturaleza, queramos o no, las cumplimos.

Para cuantificar esta obcecación pertinaz de la naturaleza, los físicos crearon una magnitud a la que llamaron Entropía. Se puede definir como la medida que tiene todo cuerpo o sistema de lo cerca o lejos que está del equilibrio, y también como una manifestación del grado de desorden que posee; de aquí que un estado de equilibrio es un estado de máxima entropía y máximo desorden.

La segunda ley termodinámica afirma que mientras un sistema *aislado* experimenta cambios o procesos en su interior, la entropía, o lo que es lo mismo, el desorden, siempre va aumentando, nunca puede decrecer. Por tanto, cuando tal sistema alcanza un estado de máxima entropía, ya no puede experimentar cambios. El sistema tiene "encefalograma plano". Quedémonos con esta idea que nos servirá más adelante para explicar no pocos comportamientos sociales.

Si analizamos la Naturaleza, veremos que parece preferir el desorden al orden, a la organización, haciendo que los fenómenos tozudamente siempre vayan en una dirección determinada. En este contexto, podría pensarse que estamos relacionando términos equívocos, que equilibrio debería asimilarse a orden y no a desorden. Pero no hay tal contradicción si analizamos con unos ejemplos qué se entiende por orden en un sistema.

Imaginemos el cajón de un archivador en el que la correspondencia o documentación está organizada alfabéticamente desde la A hasta la Z. Estaríamos ante un sistema con un grado máximo de organización con múltiples restricciones, en concreto 28, correspondientes a los 28 separadores de las 28 letras del abecedario.

Ahora quitamos el separador que hay entre las letras A y B. Esto induce a que la correspondencia que empiece por ambas letras se vaya entremezclando, llegando, con el transcurso del tiempo, a que resulte imposible saber, a la hora de acceder a un documento concreto, a cuál de las dos letras afectadas pertenece.

Las restricciones han disminuido y la entropía o desorden ha aumentado. Si esto lo hacemos con todos y cada uno de los separadores la consecuencia es clara. No hay restricciones de ningún tipo y el desorden es máximo. A ver quién es el *guapo* que encuentra una carta en ese *cajón de sastre*. El trabajo de separar la correspondencia, organizarla alfabéticamente y diseñar los espacios para cada grupo requiere esfuerzo, energía, método y esto no se hace espontáneamente. Se necesita una fuente creativa que aglutine todas estas propiedades y que en definitiva, contribuya a deshacer el "desorden" del sistema para disminuir su entropía. Se necesita un creador, alguien que aporte un esfuerzo externo para conseguirlo.

Ahora podemos entender que el equilibrio en un archivador perfectamente ordenado es inestable. Basta que desaparezca o se rompa un separador para que los documentos empiecen a mezclarse. O mejor aún, que acontezca un fuerte golpe de viento que lance toda la correspondencia al aire desparramándola sin orden ni concierto por el suelo. El débil equilibrio inicial daría paso a otro estado mucho más estable en el que el desorden sería la nota predominante.

En términos coloquiales podríamos hablar de "incertidumbre" más que de desorden para explicar las leyes que gobiernan los procesos naturales. La Naturaleza se mueve siempre buscando los estados más probables, aquellos que le suponen el mínimo gasto y la mínima energía.

Veamos otro ejemplo de esta relación entre el concepto de incertidumbre y los estados posibles de la naturaleza.

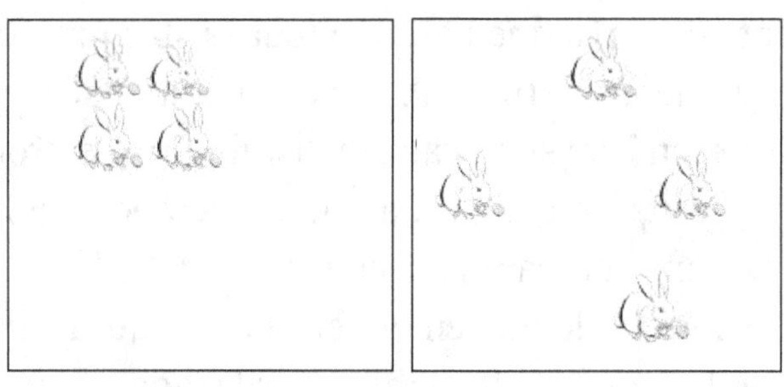

Figura 12   Figura 13

Las figuras 12 y 13 representan dos configuraciones posibles al soltar cuatro conejitos en una jaula. ¿Cuál de las dos se produciría primero?

Una disposición como la figura "12" sería posible pero altamente improbable. Si no se ejerce ninguna influencia externa que altere el comportamiento de las mascotas, está claro que la reacción más espontánea y natural sería la representada por la figura "13".

Esta tendencia universal al máximo desorden no es algo exclusivo de los fenómenos naturales; también tiene su reflejo en la sociedad y en todos y cada uno de los ámbitos que la componen. Veamos algunos ejemplos sociales que vistos desde esta ley, cobran plena evidencia.

I

En lo moral, recordemos las palabras que el poeta y filósofo Paul Valery pronunció hace bastantes años en un discurso sobre la virtud en la Academia Francesa:

"–*Virtud*, señores, la palabra "virtud" ha muerto, o por lo menos está a punto de extinguirse–"

La virtud es la gracia que busca la perfección en el comportamiento del hombre, distinguiendo nítidamente los actos nobles de los censurables. Cuando esta cuestión se vuelve turbia, nos encontramos con un claro ejemplo de máximo desorden en el ámbito de la moral. Lo bueno y lo malo se confunden, haciéndose no pocas veces exaltación del mal sobre el bien.

El tema daría para otro libro, aquí sólo daremos algunas pinceladas, pero el denominador común es siempre el mismo; tendencia a la confusión.

El joven estudiante santo Tomás de Aquino, ya por la Edad Media hacía referencia, sin haberse descubierto todavía, a esta ley, cuando comenzaba sus argumentaciones con un "distingamos" en el convencimiento de que "donde no hay distinción hay confusión".

El modelo de persona virtuosa, ha dado paso al modelo de persona chabacana donde lo grosero y soez triunfa frente a la excelencia. Hoy día, con unos esquemas educativos poco inclinados a exaltar la excelencia en valores, se lanza a los estudiantes al mundo sin trabas ni instancias a las que recurrir, ebrios de libertad y de derechos adquiridos sin contrapartida alguna.

Estos movimientos confusos e igualitaristas llevan como poco a la decadencia de la estructura social, y a la postre, a su desintegración tal como la hemos conocido. En el Imperio Romano tenemos un ejemplo claro de paradigma social evolutivo.

Empezó como una sociedad fuerte, recia, bien cimentada en sus convicciones morales y religiosas y acabó víctima de un confusionismo integral. Ya no creían en sus dioses, se cuestionaban las leyes y se degradaban sus instituciones, el desorden hizo que fuera incapaz de seguir evolucionando. Al final la máquina se paró. La entropía llegó a su máximo.

A la par que confusión, los igualitarismos también generan incertidumbre vital; ya no se sabe a qué instancia apelar. El relativismo antropológico subyacente sumerge al individuo en un mar de dudas donde no hay respuestas claras. No se sabe si adoptar una posición o la contraria, cualquier acto, cualquier postura que se tome parece buena. Llegamos al absurdo de encontrarnos hoy día a sesudos catedráticos de Ética que, después de haber devorado ingentes tratados de moral, Aristóteles, Kant, llegan a la genial conclusión de que lo que se puede hacer… que se haga, ya se encontrará alguna razón ética que lo avale. Para estos genios del virtuosismo, lo verdaderamente ético, lo que no se puede hacer… es lo imposible, claro, lo que contraviene las leyes de la Física, ¡hasta ahí podíamos llegar!

Al Cristianismo se le tacha de dogmático por tener unos principios claros y por ser la voz discordante que trata de poner un poco de orden en la deriva moral que padecemos. Sin embargo, el hombre necesita aferrarse a algo, necesita un plan para vivir, el que sea. ¿Y por qué?

Ya vimos que desde los tiempos de la Creación el hombre se vio forzado a decidir, que se dio a sí mismo, para bien o para mal, una naturaleza original que no tenía ninguno de los restantes seres del planeta; se encuentra en constante lucha con eso que llamamos "la *circunstancia*" y en la medida en que el arsenal de creencias sea más sólido, tendremos más garantías para superar las dificultades sobrevenidas.

II

En el terreno de la política, no se sabe qué hacer con las instituciones y este no saber, observamos que se traduce muchas veces en la reacción contraria, esto es, en un hacer frenético, desenfrenado, sin orden ni criterio.

En unos casos se defienden políticas conservadoras porque lo nuevo no parece viable por lo audaz de sus propuestas, y tienen razón. En otros se postula acabar con las instituciones existentes y apostar por cambios radicales y también tienen razón. ¡Por fin todo el mundo tiene razón! Y la tienen a fuer de no tenerla ninguno.

Bajo esta constante igualadora, la democracia ha traído el imperio del *plebeyismo*, la exaltación de lo inferior frente a lo superior plasmada en lo que Nietzsche llamó *Ressentiment*. Se trata de que cuando alguien carece de ciertas cualidades no aspira a conseguirlas o cuanto más a admirarlas, sino que directamente las descalifica, negando su contribución a la mayor perfección del hombre. Es la total inversión de valores, lo superior cae y lo inferior sube, así funciona la ley universal en democracia.

III

Para echar una mirada a las consecuencias que trae este principio en asuntos de amores, no debemos olvidar que a pesar de ser uno de los temas más debatido, hablado e incluso por el que más se ha combatido, las categorías del amor se podrían resumir en dos; el amor espontáneo, arbitrario y libre, y el obligado, dependiente y abnegado.

La naturaleza, a través de sus leyes, ha provisto al hombre y la mujer como seres independientes de mecanismos de atracción mutua, de fuerzas a veces irresistibles que provocan migración de uno hacia el otro. La unión de hombre y mujer en base a estos principios es una unión no impuesta, arbitraria en tanto la voluntad es la que impera en su constitución, y también caprichosa, y por tanto exenta de obligación y fatalismo.

Un amor así constituido llega al cénit de vitalidad porque es la realidad radical de cada uno la que lo vive con plena y absoluta evidencia. El enamorado se convierte en amante, y transmite a su amado o amada la alegría vital de saber que es querido simplemente porque existe y es como es. No se puede esperar mayor recompensa en esta vida.

Pero al mismo tiempo, este amor así concebido es excluyente, está acotado y no admite rival, sus confines llegan hasta donde llegue el cálido y apasionado microcosmos donde, a modo de refugio, ambos comparten sus momentos de eterna felicidad.

Platón inmortaliza esta categoría del amor libre en el diálogo que mantienen Sócrates y Fedro sobre la conveniencia de dar los favores al enamorado frente al no enamorado o viceversa. Sea cual sea la postura que toma cada uno y las razones que la avalan, demuestra en cualquier caso el carácter voluntario y generoso de estos sentimientos.

En cambio existe otra categoría de amor que ya no es tan libre aunque no por ello menos importante y trascendental en la vida del hombre. Lo podemos llamar desinteresado, cálido y con muchas dosis de abnegación; ese que se pone en funcionamiento con independencia de la persona concreta que lo recibe. Es el amor de familia, el de una madre a su hijo o el que profesan hermano con hermano. Se recibe y se manifiesta con independencia de cómo sea la persona, no pone condiciones ni tiene fecha de caducidad. A diferencia del anterior, en esta forma de amar no derivan derechos de exclusividad, se puede compartir entre varios sin generar ningún tipo de conflicto. Una madre tiene cariño suficiente para amar a varios hijos a la vez y una amistad por muy sincera que sea no impide crear y fortalecer otras nuevas.

Esta distinción es muy importante porque nos abre las puertas para comprender el orden y la estabilidad de cada uno de ellos en sus diversas manifestaciones, notando que no por muy intenso y apasionado que sea un enamoramiento signifique su perduración a lo largo del tiempo.

En efecto, la relación amorosa nacida de la decisión de dos personas de unirse libre y voluntariamente es sumamente inestable gracias a ese carácter arbitrario de su constitución. En el transcurso del tiempo se generarán roces y tensiones derivados de la convivencia mutua, se necesitarán dosis a veces masivas de comprensión y amor para mantener la institución en pie, para que no se resquebrajen sus cimientos, y esto sólo se conseguirá si se tiene en cuenta que se necesita aportar mucha energía al microcosmos creado por ambas partes. Energía en este caso en forma de amor. Si se pretende que este tipo de amores una vez constituido fluya por sí mismo dejándolo a la deriva sin participar activamente en su mantenimiento se está cometiendo un grave error conceptual. La relación se irá degradando, complicando, aumentando así la entropía del conjunto, hasta que se llegue a la irreversibilidad total, a la imposibilidad de vuelta atrás. La desafección habrá llegado y el mecanismo se paralizará. Acabará con la misma arbitrariedad con la que empezó.

No ocurre así en el otro caso donde sabemos que existe una causa previa al lazo amoroso entre las partes. Aquí el sistema genera su propia energía independientemente de las relaciones personales. El amor fluye con mucha menos fuerza vital que el otro pero fluye siempre. Da igual que los interesados se lleven mejor o peor, que lo cultiven más o menos, el sentimiento persistirá porque es previo a todos ellos. La consecuencia es que es un tipo de amor infinitamente más estable que el primero y que por lo mismo puede perdurar a pesar de la falta de motivación y de estímulo de sus miembros por mantenerlo.

IV

La economía necesita estabilidad para su buen funcionamiento. A más estabilidad, más solidez en el sistema. Los agentes económicos la aplauden porque sin ella carecen de los elementos imprescindibles para tomar decisiones con suficientes garantías. Ante la amenaza de nubarrones por el horizonte, el empresario no invertirá y el ahorrador no ahorrará. Pero esta estabilidad presupone un equilibrio necesario que todos buscan y que resulta cada vez más difícil de conseguir a medida que la economía se va complicando. Podemos hablar de equilibrios, sí, pero con más o menos grados de estabilidad.

Recordando el ejemplo del archivador, vimos que las cartas se encontraban perfectamente ordenadas pero en un débil equilibrio debido a las múltiples restricciones o condiciones de contorno impuestas. Esta inestabilidad podía provocar la transición a otro estado de más estabilidad con un golpe de viento que las lanzara al suelo.

Imaginemos en cambio, que caen a una mesa contigua antes de hacerlo al suelo. El desorden sería inferior al caso anterior pero la inestabilidad mayor ya que otra perturbación posterior podría provocar otra nueva caída a un escalón inferior. Del máximo orden del archivador pasamos a otro menor de la mesa y de éste a otro mucho menor del suelo.

En términos comparativos, el orden del suelo sería la Prehistoria, período en que los avances eran casi inexistentes y la técnica muy rudimentaria. El retorno a la vida natural se produciría de manera inmediata por la proximidad entre ambas formas de vida. El de la mesa lo podríamos asemejar con la Edad Media. La sociedad está algo más avanzada y predominan la agricultura de subsistencia y las relaciones gremiales. En este estadio, se potencia la economía local impidiendo el desarrollo de los mercados. El dinero se consideraba algo estéril (no creaba nada) y el único beneficio legítimo era el proveniente del trabajo. La diferencia entre el orden natural y el del medioevo es ahora mayor y el salto hacia atrás se notaría mucho más.

Finalmente el orden supremo del archivador sería equiparable a la economía del siglo XXI marcada por un complejo entramado de relaciones entre mercados de bienes, servicios, y financieros. Aquí un retroceso a condiciones prehistóricas sería simplemente catastrófico.

Un cazador del Neolítico no puede disfrutar en ningún caso de las condiciones de vida que posee el ciudadano de hoy día, para ello tendría que recorrer muchos miles de años de evolución y desarrollo, pero éste último sí podría volver a la situación de primitivismo histórico con nada que se esfuerce por autodestruirse.

Pensemos en las cartas otra vez. Para colocarlas en el archivador debidamente ordenadas se necesita una buena dosis de paciencia y trabajo; en cambio vimos que para desordenarlas bastaba una simple ráfaga de viento.

No es de extrañar, por tanto, que a lo largo de la Historia, la economía se haya caracterizado por un vaivén de avances y retrocesos en torno a situaciones de equilibrio cada vez más complicadas de mantener. En esto podemos decir que los ciclos económicos siguen leyes parecidas a las que gobiernan los movimientos armónicos.

Un ciclo económico, como ya sabemos, se compone de períodos de expansiones y recesiones actuando como si fueran muelles. Ante un período de expansión, inexorablemente, sucede otro de recesión o crisis, pese a los argumentos en contra de personalidades del mundo de la política y de la economía.

Curiosamente, el único personaje que supo predecir una crisis y actuar en consecuencia lo encontramos en las páginas del Antiguo Testamento, cuando José, el esclavo, supo interpretar los sueños del Faraón de siete años de vacas gordas y siete de vacas flacas, conformando en total un ciclo expansivo-recesivo de 14 años. Nada raro teniendo en cuenta que la economía de Egipto se basaba en las crecidas anuales del Nilo y estaban sujetas a perturbaciones meteorológicas imprevisibles. Lo mejor de José es que llegó a plantear una estrategia para amortiguar la futura crisis proponiendo al Faraón austeridad en los años de abundancia para acumular riqueza con vistas a los años de escasez. Toda una lección de economía.

Cualquier fenómeno expansivo lleva implícito el correspondiente efecto contractivo. Un muelle, como el volumen del cilindro de un coche, no pueden alargarse indefinidamente. Llega un momento en que el ciclo se invierte y lo que antes era expansión ahora es contracción, lo que antes era aceleración ahora es desaceleración.

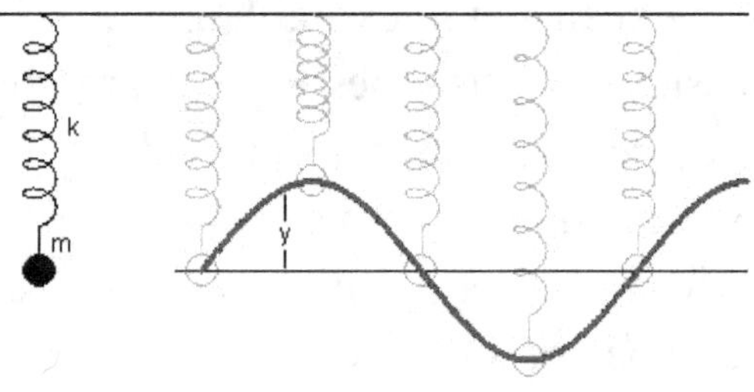

Figura 14

En la figura adjunta se observa cómo la masa "m" dibuja una línea oscilante que marca el ciclo expansivo-contractivo del muelle.

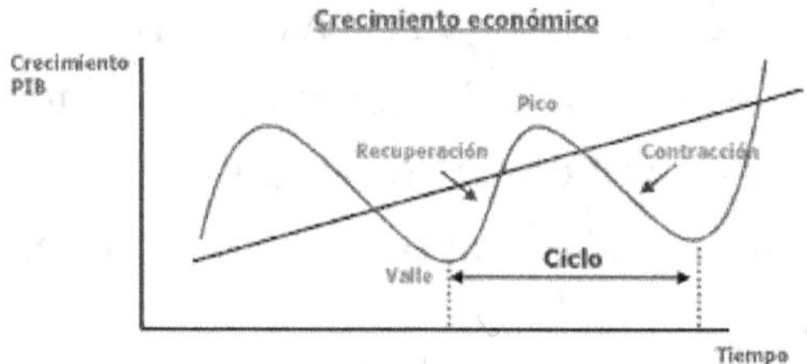

Figura 15

Parejamente, el Producto Interior Bruto de un país, actuando como indicador de un ciclo económico, fluctúa en función de las variables que lo condicionan sobre la posición de equilibrio.

Para provocar una oscilación en todo sistema físico, se necesita una causa externa que lo separe del estado de reposo: fuerza, tensión, etc. Estas magnitudes disminuyen la entropía del conjunto y generan movimientos en un sentido y en otro buscando volver a la posición inicial, esto es, a la de mínima energía y máximo equilibrio.

En economía existen varias escuelas de pensamiento sobre el alcance de los factores que desencadenan los ciclos. Para unas la principal causa es la interferencia de los Gobiernos en la economía de libre mercado, para otras, la inestabilidad de las inversiones privadas, y más recientemente las hay que cargan la responsabilidad sobre los procesos de expansión monetaria generados por los bancos centrales. Cualquiera que sea el motivo, está claro que la perturbación de determinados indicadores alteran las condiciones de equilibrio de una economía llevándola bien a un proceso expansivo o recesivo.

Bajos tipos de interés y exceso de demanda de valores pueden provocar una burbuja bursátil que tarde o temprano estallará. Durante un tiempo la economía crecerá, el paro bajará y las empresas se endeudarán confiando en el retorno de las inversiones a medio plazo. Estamos en un período de crecimiento económico, pero al igual que el muelle, lejos del equilibrio. Este estado de cosas crea tensiones, inflación, aumento de riesgo, etc., que tras un período de euforia y confianza, pasa a otro de incertidumbre e inestabilidad. Ahora los agentes económicos hacen números y se preparan para lo que en el argot náutico se conoce como arriar velas. El paro vuelve a subir, los precios se estancan o bajan y las autoridades monetarias inician un período de ajuste financiero que llevará a una disminución de la oferta de dinero. Es la fase recesiva del ciclo.

Hay que señalar que el efecto de caída y por tanto de crisis será tanto mayor cuanto más intenso sea la expansión precedente. Lo ideal, si no se quieren fuertes oscilaciones, sería un crecimiento moderado y estable sobre la posición de equilibrio, incrementando la inversión en función del ahorro generado, no basado en deuda. Pero en una economía de corte capitalista, donde impera el principio de máximo beneficio, el juego de intereses financieros y políticos hace tremendamente complicado optar por tal vía de crecimiento.

V

La Naturaleza no necesita el ecologismo para sobrevivir. Lo hace ella sola. Lo ha hecho siempre desde la Creación a su manera, con sus propias reglas. El equilibrio conseguido no ha sido cosa de un día. En esto podemos decir que también tiene historia, aunque no escrita en tinta. Que se lo digan si no al pez pulmonado que sabe cómo combatir una larga sequía. Cuando el medio donde vive se seca, muchos peces mueren debido a que se quedan fuera de su entorno vital, todos menos él. Esta maravilla de la naturaleza posee una increíble estrategia de supervivencia: Cambia el sistema de respiración branquial por el pulmonar y hace un agujero en la tierra cubriéndose de barro. Una vez acomodado, reduce sus actividades vitales básicas esperando a que vuelvan las lluvias.

Cuando nota que otra vez la humedad impregna su cuerpo, revive. Y puede pasarse en ese estado hasta cuatro años. Todo un alarde de desarrollo ecológico sostenible para hacer frente al problema de la escasez de agua que los humanos llevamos siglos tratando de solucionar y que se vislumbra como un problema serio de cara al futuro, si se confirma su relación con el cambio climático.

El pez pulmonado y el hombre han resuelto el problema de falta de agua, pero de manera distinta. Uno utiliza sólo leyes naturales, el otro, leyes naturales y humanas. Uno acepta el medio y combate la circunstancia adaptándose, el otro no está de acuerdo con el medio y considera que debe adaptarlo y modificarlo. El pez pulmonado ha necesitado mucho tiempo para lograr este prodigio de mecanismo contra la sequía, los fósiles más antiguos que se tienen de estos peces proceden de rocas del Devónico Inferior con una antigüedad de 395 millones de años, mientras que los primeros antecedentes de suministro de agua conocidos, se encontraron en Jericó hace sólo 7000 años, donde era almacenada en pozos para su posterior utilización; a partir de ahí comenzó una carrera constante por su control.

Esto nos invita a reflexionar sobre la existencia de dos escalas de tiempo evolutivas en el desarrollo de la vida en la Tierra. A un lado, las criaturas que se apuntan a los dictados que marcan las leyes inamovibles, naturales, donde los cambios de estado se producen de manera cuasi estática, casi imperceptibles para nuestro reloj biológico. Prueba de ello es la sensación de tranquilidad y serenidad que notamos al contemplar la Naturaleza. A otro, un ser creativo, inconformista, persistente escrutador de los enigmas que encierra el Universo y constructor de un mundo en constante transformación. En su escala vital, los procesos cobran celeridad, dinamismo y explosividad siguiendo la máxima de Benjamín Franklin "El tiempo es dinero" pero, precisamente por eso, también mucha dosis de irreversibilidad.

Reversibilidad frente a irreversibilidad, esa es la cuestión fundamental que subyace tras dos formas de entender los procesos enfrentadas ante una causa común, la vida en la Tierra.

Cuando un proceso puede tener lugar en sentido inverso a aquel en el que se ha desarrollado y es capaz de llegar a restaurar el estado inicial, se dice que es reversible. En cambio, si evoluciona de tal manera que no puede ser llevado a su estado inicial sin provocar variaciones en el entorno exterior estamos ante un fenómeno irreversible.

En general mientras más pequeñas sean las variaciones que se produzcan en un proceso físico, mayor será su grado de reversibilidad y viceversa. Unos ejemplos nos servirán de aclaración.

El sencillo montaje del cilindro de la figura 16 nos muestra un ejemplo de proceso cuasi estático y, por tanto, de reversibilidad con mínimo aumento de entropía.

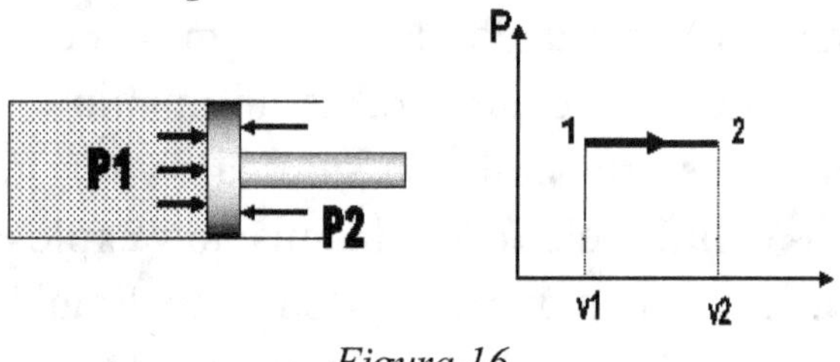

Figura 16

P1 es la presión que ejerce el gas sobre la cara interna del pistón sin rozamiento y P2 la que se ejerce sobre su cara externa. Si las dos presiones son iguales, el pistón estará en equilibrio mientras que si P1 es infinitesimalmente superior a P2 el gas sufre una pequeña expansión, alcanzando un nuevo estado de equilibrio cuando ambas presiones se igualan.

El pistón se mueve tan lentamente que apenas hay gasto de energía.

Veamos ahora el caso de la figura 17:

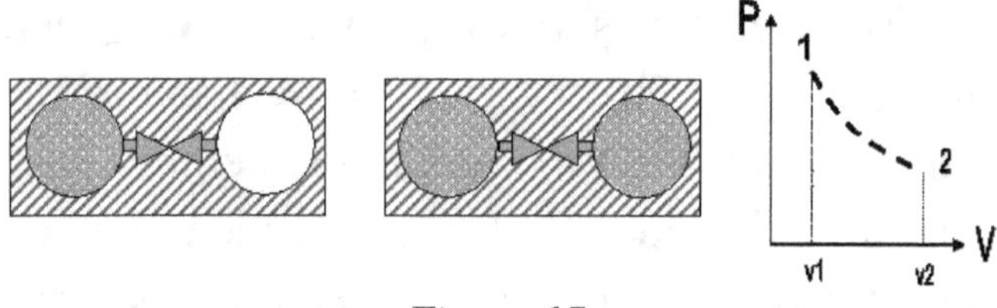

Figura 17

El sistema está formado por dos balones de vidrio conectados a través de una válvula. Uno de ellos contiene un gas a la presión P1 mientras que el otro se encuentra vacío. Al abrir la válvula el gas fluye rápidamente hacia el balón vacío hasta alcanzar el equilibrio, siendo la presión final P2 menor que P1. Es imposible definir estados de equilibrio entre el estado 1 y el estado 2 por lo que tampoco se puede trazar la trayectoria del proceso. De ahí la gráfica discontinua que une los puntos 1 y 2.

Aquí no hay cambios infinitesimales y todo el proceso ocurre de manera turbulenta, perdiéndose mucha energía útil por el camino y aumentando la entropía del sistema mucho más que en el caso anterior.

Podemos asimilar el lento movimiento del pistón del ejemplo primero con los procesos que ocurren en la Naturaleza, y la expansión explosiva del balón del segundo con los niveles de actividad del hombre en el mundo.

Todo esto nos lleva a constatar una verdad fehaciente, la Tierra se mueve mediante recursos renovables por tiempo ilimitado mientras exista la luz del Sol. Todas las formas de vida que no son humanas se mantienen a través de estos recursos y son capaces de vivir y estar en comunión con las demás fuerzas y leyes de la Naturaleza sin crearse problemas unas a otras. Sólo la vida civilizada de los seres humanos ignora estos principios, siendo la única especie en ostentar el glorioso sambenito de hacer que ninguna generación cumpla nunca con la obligación de mantener el planeta, abrazándose a recursos y procesos no renovables, que suponen gastos de energía y destrucción ambiental cada vez mayores. Por consiguiente, tan sólo los seres humanos corren el riesgo de haber creado un tipo de vida en el que algo que se ha convertido en esencial, puede, de manera más o menos repentina, dejar de estar presente.

Un informe elaborado por un equipo del Instituto Tecnológico de Massachusetts (MIT) alertaba allá por los años setenta sobre los principales peligros que amenazaban al medio ambiente. "Si no se modifican las tendencias actuales en cuanto a población mundial, industrialización, contaminación, producción alimentaria y agotamiento de los recursos –amenazaba– alcanzaremos el límite

de crecimiento de este planeta en el transcurso de
los próximos cien años".

CAPITULO 6

El Principio de Máximo Bienestar

Las sociedades modernas se caracterizan por un desarrollo avanzado de todos los sectores económicos y sociales, amparado por leyes de mercado que potencian el uso masivo de infraestructuras y servicios para el máximo beneficio de los ciudadanos. Estamos ante el modelo de sociedades de masas, último de una secuencia social evolutiva en la historia de la Humanidad que empezó con los primeros pobladores de la Tierra. En aquellos tiempos se acudía a los recursos naturales para satisfacer las necesidades básicas. Entonces, cualquier tipo de asociación era bienvenida para luchar contra el medio hostil. Piénsese que la característica principal de esa época era la soledad, había pocos habitantes y el encuentro entre personas era algo extraordinario, triunfal y en no pocos casos festivo.

De la comunidad de intereses para luchar o comer, abrigarse etc., surge la convivencia y el primer atisbo protoplasmático de sociedad, que es todo lo contrario de la idea comúnmente aceptada hoy día de considerarla reunión contractual o jurídica de un colectivo de personas. La idea del derecho, de armazón legal surge después, como precipitado lógico de una previa convivencia entre sus miembros. Querer que las leyes rijan las relaciones entre seres que previamente no conviven es, citando un famoso pasaje bíblico, como meter un camello por el ojo de una aguja.

La unión hace la fuerza. La caza era más productiva cuando se utilizaba una estrategia conjunta. La defensa del territorio, más eficiente y segura si se actuaba en alianza con los demás. Son tiempos en los que la direccionalidad común tenía más ventajas que inconvenientes. Ir en contra del grupo podía ser peligroso. Las criaturas que siguen las leyes naturales lo saben muy bien y procuran aliarse si quieren disfrutar de cierto estado de bienestar. Veamos ejemplos.

La migración de sardinas en el cono sur africano reúne a millones de ejemplares en un banco que puede alcanzar 15 kilómetros de largo por 4 de ancho y 40 metros de profundidad. La razón de este desplazamiento no se conoce aún con claridad en la comunidad científica, sin embargo existe la hipótesis de una causa reproductiva estacional, o de la búsqueda de aguas más frías. No lo hacen por capricho, es la mejor manera de defenderse ante la multitud de depredadores que acechan en el océano. Cuando alcanzan el cabo Agulhas, el punto más austral de la costa sudafricana continuando su marcha por la costa este del continente africano en busca de las aguas del Indico, cientos de tiburones y delfines esperan para comenzar el festín, y desde el aire también llueven los ataques de cormoranes y alcatraces, que se lanzan en picado hasta profundidades de varios metros.

Ilustración 1. Migración de sardinas en aguas de Sudáfrica.

En los inviernos polares de la Antártida tenemos otro ejemplo de bienestar asociado al agrupamiento social. Allí los pingüinos emperador resisten tormentas de nieve con vientos que pueden alcanzar los 70°C bajo cero gracias a un ingenioso sistema de colaboración mutua. Los individuos se aprietan unos contra otros, crías incluidas, formando un bloque monolítico que les permite estar a resguardo del viento y la nieve. Sólo los miembros de la colonia que se encuentran en el perímetro exterior están expuestos a las inclemencias térmicas, pero no importa, cada cierto tiempo se turnan y son sustituidos por otros en un ejercicio de solidaridad y compañerismo ejemplar para no pocos de nosotros.

Ilustración 2. Pingüinos emperador en plena tormenta antártica.

Tampoco el hombre fue menos al comienzo de su andadura en la Historia; utilizaba los mismos principios para defenderse. Pensemos en las polis griegas, que aparecen alrededor del siglo VIII a.C. convirtiéndose en el elemento más importante de la civilización griega. La génesis de estas ciudades-estado hay que buscarlas en las familias que se reúnen en torno a un *basileus* (jefe de familia). Ya no estamos en la prehistoria, los clanes y tribus se consolidan y se transforman en unidades más estables llamadas *oikos*.

La polis nace cuando varios *oikos* se ponen de acuerdo para nombrar una autoridad superior a la de cada familia. Esta autoridad era la encargada de defender los intereses comunes y arbitrar en los enfrentamientos. Entre estos intereses estaba la defensa común frente a las invasiones de los ejércitos enemigos, (algo parecido a la migración de sardinas).

El poeta Homero, en el canto VI de la Odisea, ofrece, de labios de *Nausícaa*, la hija del rey de los *feacios* Alcínoo, la descripción de una ciudad desconocida en la que aparecen todos los elementos constitutivos de una polis griega, con la excepción de la *khora*, el territorio rural o zona no urbana que rodeaba las murallas de la polis.

"Luego llegaremos a la polis. La rodea una elevada muralla y hay un hermoso puerto a cada lado de la población, y una estrecha bocana [...]. Allí está también su ágora, en torno al bello templo de Poseidón, pavimentada con piedras bien hundidas en el suelo".

Este pasaje de la Odisea muestra que la polis contaba con una acrópolis o "ciudadela alta", a cuyos pies se extendía un área habitada y todo ello rodeado por un circuito de murallas que servían para su defensa.

La pertenencia a una polis era por tanto, sinónimo de seguridad, de abrigo, y el estar bajo su paraguas una garantía de protección frente al hostil mundo exterior.

Los romanos, que fueron los continuadores de la civilización griega, siguieron manteniendo el modelo de ciudad-estado frente al exterior. Así se fundó Roma. Pero ahí no quedó la cosa, los romanos conquistan otros pueblos, salen de sus fronteras naturales y conocen nuevos mundos, nuevas gentes. Entonces aparece César y propone un cambio; la superación absoluta del estado-ciudad. Quiere un Estado donde los pueblos más diversos colaboren y que todos se sientan solidarios. No un centro que manda y una periferia que obedece sino un gran cuerpo social donde cada sujeto sea a la vez sujeto activo y pasivo del Estado. Tal sería el prototipo del Estado moderno. Pero los romanos no llegaron a entender esa visión conceptual de las instituciones públicas que proponía César. ¿Cómo podían formar parte del rebaño, seres que no están en el redil?, ¿qué clase de unidad es esa?

La idea de César es una vuelta de tuerca sobre la tradición y sugiere una forma de entender la sociedad que ya empieza a despegarse de las leyes naturales.

El Estado ya no es la agrupación de familias unidas por lazos de consanguineidad, ni por los que hablan la misma lengua para entenderse, ni siquiera por aquellos que viven cerca unos de otros para pedirse un trozo de sal. Es algo inmaterial, intangible y místico y ahí es donde tropezaron las mentes antiguas.

La mente de César volaba a más velocidad que la de sus coetáneos y su proyecto empezaba a alejarse de las pautas naturales para incorporar cada vez más componentes arbitrarios típicos de toda ley hecha por el hombre. El concepto de bienestar va cambiando, y la vida se va haciendo más impersonal en aras de unas instituciones y unas leyes que tratan de reglamentar el comportamiento de las personas. Ya en tiempos del Imperio un ciudadano no era casi nada si no formaba parte de una colectividad superior, llámese ciudad, reino, etc.

Nos vamos ahora a los tiempos de la Edad Media. Aquí el panorama cambia. El elemento representativo de esa época no es otro que el castillo y, ¿qué es un castillo? Es una fortaleza, y una fortaleza se hace para defenderse de los poderes exteriores. Es por ello que el castillo representa el espíritu personalista de la época. El señor medieval no conocía propiamente Estado ninguno. Poseía derechos desde su nacimiento o los ganaba a pulso. Era el derecho adscrito a la persona, el *privilegio*. No había vida pública, había vida privada. El derecho, el protoestado, era lo inseguro por excelencia, lo que nadie da y confirma y hay que estar ganándolo a todas horas y lo que es más importante, sus relaciones sociales estaban basadas en el principio del honor, en la fidelidad a la palabra. Nada que ver con las leyes modernas del contrato mercantil, donde cínicamente se reconoce veladamente que las personas desconfían unas de otras debiéndose amparar ambas partes contratantes en un trozo de papel que queda fuera de las dos y que en algún momento puede revolverse contra cualquiera de ellas.

La Edad Media es por tanto una vuelta a los principios naturales sólo que con algo más de historia a la espalda. En ella el bienestar era la garantía de defensa de los privilegios. Consecuentes con su sensibilidad personalista, el que gozaba de una posición social confortable debía defenderla si quería seguir disfrutando de ella. Ya sabemos que en la Naturaleza nadie te regala nada, hay que conseguirlo todo. Para el germano del norte de Europa, el tener un derecho y ser capaz de defenderlo eran una misma cosa. ¡Primitivismo en estado puro! Todo honor, todo sentimiento, todo corazón…, y todo dura hasta que empieza a destacar por el horizonte de la Baja Edad Media una nueva clase social que va a cambiar el destino de los pueblos; la burguesía, compuesta por artesanos y profesionales liberales que con el desarrollo del comercio en las ciudades verán aumentada su riqueza y su influencia social.

Poseía talento práctico, nada que ver con los nobles de la Edad Media, intuitivos todos ellos, sentimentales y caóticos en su forma de entender la vida. Esta clase social incipiente, nacida del desarrollo comercial que iba asomando ya en los núcleos urbanos, valoraba el esfuerzo, el trabajo y la organización. Para ellos el orden era fundamental en aras de unos objetivos económicos y de ventas propuestos y era vital por tanto, unas instituciones fuertes que garantizaran el ejercicio de su profesión y el patrimonio adquirido con su trabajo.

Poco a poco fue adueñándose de los resortes del Estado, inculcándole sus ideas organizativas y construyendo un formidable aparato que lo iba acaparar todo con el paso del tiempo. Con la implantación de la burguesía como clase dominante, se produce un vuelco en los destinos de las naciones. A partir de ahora, cualquier movimiento revolucionario hecho para cambiar un régimen político siempre tendrá un trasfondo burgués, práctico. Da igual que proceda de izquierdas o de derechas, en cualquier caso ninguna de las dos se cuestiona cambiar la esencia del Estado, lo que buscan es determinar quién debe mandar y administrar los servicios que dimanan de esa ingente máquina de bienestar diseñada por la clase burguesa.

Con el tiempo el Estado ha llegado a constituirse como una verdadera meta-naturaleza, una naturaleza artificial, imbricada en la faz de la tierra, hecha y diseñada por y para beneficio del hombre, sustentada por un conjunto de leyes que tratan de darle vida y bajo cuyo imperio, como no paran de repetirnos, nos debemos sustraer todos.

El hombre, con la creación de esta meta-naturaleza no depende ya de la real, de la creada por Dios al principio de los tiempos para desarrollar su vida. Queda por tanto liberado de los rigores del contacto con ella. En este Universo paralelo, el hombre se siente tranquilo y seguro pero a costa de un peaje; el distanciamiento cada vez mayor de la vida natural. Desde el nacimiento del Estado moderno burgués, el hombre no ha parado de distanciarse de la Naturaleza para zambullirse cada vez más en su mundo artificial. Los árboles no eran árboles, seres llenos de vida y piezas fundamentales para la conservación de una Naturaleza sana; eran madera para barcos; los animales no eran animales, compañeros de viaje en esta aldea global en la que nos ha tocado vivir, con sentimientos y deseos y que, curiosamente y a semejanza nuestra, nacen, crecen y se esfuerzan por vivir lo mejor que pueden. No, eran bestias salvajes que había que eliminar porque podían poner en peligro la meta-naturaleza, el concepto de Universo que el hombre se había dado a sí mismo. Afortunadamente desde hace ya bastantes años, ese modo de pensar está cambiando y estamos recapacitando. Desde diversos frentes se está intentando mostrar a la sociedad otra manera de observar la Naturaleza, un acercamiento a nuestras raíces y una mayor comprensión de los seres que nos rodean y que forman parte de nuestro mundo. Algo es algo.

Hecha esta breve reflexión, volvamos a nuestro tema y dirijamos la mirada hacia el interior de nuestra civilización para comprobar los cambios que ha ocasionado en el concepto de bienestar.

Lo primero que vemos es que su producto más visible y notorio, el Estado contemporáneo, funciona prodigiosamente. Plantado en medio de la sociedad, basta con tocar un resorte para que sus mecanismos actúen en cualquier parte del cuerpo social. Lo abarca todo, lo toca todo y no hay una sola parcela en la que no esté presente. Pensemos en los desplazamientos. Entre yo y un punto situado a diez kilómetros de mí ya no hay sólo yo y un espacio natural de tierra que nos separa, puede haber además un coche, una bicicleta o un tren que me sirven para burlar el esfuerzo natural que debería efectuar para llegar a ese punto. Pero el vehículo necesita una superficie de rodadura para desplazarse, y aquí la naturaleza normalmente tampoco nos lo pone fácil, podemos encontrarnos piedras, socavones, agujeros, terrenos arenosos… ¿Cómo solucionarlo? No importa, para eso está el Estado, se añade un elemento nuevo al conjunto para facilitar el transporte, una carretera asfaltada por ejemplo y ¡ya está! Por fin hemos conseguido que las distancias se acorten con los geniales inventos de coches, autopistas y trenes de alta velocidad. El Estado nos ha permitido destruir tiempo a base de aumentar velocidad. Fantástico para favorecer los intercambios sociales y comerciales. El mundo se acelera, se vive más intensamente que antaño porque hay más tiempo disponible para hacer cosas; un paso más en la carrera hacia el bienestar social.

Lenta pero inexorablemente el mundo natural, nacido de la Creación va siendo sustituido por otro salido de nuestra invención, hecho a base de hitos que han ido marcando la historia de la humanidad. Las infraestructuras de transporte, carreteras, autopistas, vías férreas o marítimas son bienes colectivos que podemos denominar puros, significando que no se puede dejar a nadie al margen de su consumo por el hecho de no haber pagado antes un precio por él. Es lo que se conoce como *el viajero sin billete*. El Estado deberá efectuar una provisión de estos bienes a sabiendas de que los ciudadanos no van a revelar sus preferencias a través de los precios como en el caso de bienes privados. La solución viene mediante la relación Hacienda-contribuyente o de *quid pro quo* en la cual el sujeto recibe los bienes y servicios públicos y paga unos precios (impuestos) análogamente a como se transfieren en el mercado los bienes privados. Ya sabemos que esta relación no es tan evidente como la existente entre comprador-vendedor en la economía privada. En la economía pública existen ineficiencias derivadas de la multiplicidad de supuestos sobre su financiación por lo que no está claro que cualquier *viajero sin billete* que utilice un servicio público haya pagado previamente por él. Así las cosas, el Estado –la colectividad en la que vivimos– genera una inmensa mole de estructuras y servicios previos a nuestros deseos y preferencias, en la convicción de que todos ellos serán usados por múltiples usuarios cuando y como ellos gusten, sin limitaciones de ningún tipo. Son estructuras de masas, hechas y pensadas para la gran colectividad de gentes que hoy pueblan el mundo.

Ya no necesitamos la ayuda y complicidad de nuestros congéneres para salvar situaciones complicadas, como pasaba al principio de los tiempos o le sigue pasando al pingüino emperador. Para ir por una autopista no necesitamos a nadie. Sólo procurarnos un coche y ponerlo en la superficie de rodadura correspondiente. Para calentarnos, tampoco hace falta un cuerpo que nos abrigue o esperar al solsticio de verano. Las redes de transporte de energía; véase oleoductos, gaseoductos o líneas de alta tensión, están ahí dispuestas a ofrecernos sus servicios cuando los necesitemos. En ese sentido vemos que el hombre no necesita la concurrencia de sus semejantes para buscar líneas de bienestar como ocurría en los primeros tiempos, como ocurre en la naturaleza con los demás seres vivos. La apelación al instinto básico de rebaño para protegerse carece ya de sentido, toda vez que el estado moderno se encarga de ampararnos con su manto protector. La imagen de un grupo de gacelas contemplando la puesta de sol mientras una no tan romántica aprovecha para pastar a sus anchas en los pastos cercanos no parece muy real. Ciertamente las gacelas no se reúnen para eso y si lo hicieran, la osada que saliese de la manada para satisfacer cumplidamente su apetito correría grave peligro al exponerse como blanco fácil a los ataques de posibles depredadores. Mejor no arriesgarse y si hay que ver la puesta de sol, mejor con las demás compañeras. El hombre, en cambio, sí puede. Gracias a las poderosas estructuras civiles, sociales y económicas que ofrece el estado, no necesita correr en la misma dirección que los demás. El principio de bienestar se podría reinterpretar de otra manera; la de *ir en contra de la masa*. Curiosamente justo al revés de lo que pasaba antes.

Podríamos citar multitud de ejemplos en los que aplicar dicho principio, pero fijémonos en los más evidentes por su obviedad.

Sabemos que una autovía está pensada para un gran volumen de tráfico automovilístico. Pistas unidireccionales, fáciles accesos, estaciones de servicios, señalización, etc. Inimaginable como bien privado para el uso y disfrute de un solo usuario por muy rico que éste fuese. Utilizarla cuando la utiliza todo el mundo adopta la forma de una vía de transporte lenta, congestionada y complicada de circular. Nada sorprendente, para eso está pensada. La masa se mueve y nosotros nos movemos con ella, vamos en la misma dirección. Pero cuando la autovía está vacía porque el grueso de usuarios no la utiliza y nosotros sí, la cosa cambia. Lo que antes era lentitud y congestión ahora se vuelve velocidad, lo que antes era un horizonte plagado de vehículos flanqueándonos por doquier, ahora se torna en un suave discurrir por altiplanicies y verdes prados. Vamos en contra de la masa.

¿Queremos ganar dinero? Lo mejor es ir a contracorriente. Si cuando todo el mundo compra yo compro, estamos contribuyendo al alza de los precios y por tanto nos costará todo más caro. La bolsa de valores es un ejemplo muy clarificador.

Los activos financieros se mueven al son que marcan las ofertas y demandas del mercado. Una corriente masiva de compras provoca un alza de precios de las acciones y una venta masiva, una bajada generalizada. Dependiendo de la posición relativa que adoptemos, estaremos beneficiándonos o no de la situación. Que compramos cuando todo el mundo vende, obtendremos un precio a la baja; que vendemos cuando todo el mundo compra, generaremos ganancias con nuestro capital. Las bolsas y mercados de valores no se mueven en virtud de pequeños inversionistas como nosotros. La inversión institucional, la formada básicamente por fondos de pensiones, fondos de inversión y reservas técnicas de compañías de seguros, constituye el principal agente de los mercados financieros y lo es porque son los que poseen las principales masas patrimoniales que circulan por los mercados de todos los centros financieros mundiales gracias a la globalización (en 2005 y sólo en países OCDE 46 billones de dólares) buscando constantemente las mayores rentabilidades. Estos mercados se pueden considerar como autopistas financieras en las que el dinero va y viene como los automóviles en la carretera, en un sentido o en otro. Y del mismo modo que con aquellas, si soy capaz de utilizarla a mi favor, tendré grandes posibilidades de mejorar mi situación económica ganando dinero, que suele ser normalmente cuando vamos contra la tendencia colectiva.

Una estrella de fútbol es una máquina de ganar dinero, y lo hace no porque marque goles; hay muchos futbolistas que juegan bien y hacen goles pero no ganan ni la décima parte. Gana porque una gran masa de aficionados al fútbol genera una corriente monetaria dirigida hacia la estrella que se convierte en el receptor de la fortuna. Mientras muchos compran él vende.

El mundo de la moda presenta en su vertiente más popular otro ejemplo del principio propuesto. La estacionalidad en el comportamiento de los productos textiles ofrece una oportunidad de conseguir gangas en épocas de poca demanda. Ya se sabe que el comportamiento de la mayoría de los ciudadanos suele seguir unas pautas más o menos predecibles y preestablecidas de antemano que actúan como referencias para la toma de decisiones de las unidades productivas; nadie o casi nadie le apetece comprar un abrigo de lana en pleno mes de agosto, sin embargo, si queremos beneficiarnos de tal circunstancia, lo mejor sería ir en contra del comportamiento general y esperar a que haga mucho calor para adquirir la prenda.

La prueba más evidente de este principio la tenemos observando las decisiones que toman las personas con gran poder adquisitivo. ¿Dónde fijan su residencia?, ¿cómo se mueven?, ¿a dónde van? El dinero permite a sus poseedores ir a contracorriente sin tener que esperar a que la masa se mueva. Pueden vivir en espacios protegidos y aislados con controles de seguridad para evitar la irrupción de molestias no deseadas, se mueven por accesos costosos y suelen viajar a sitios vedados para la mayoría de ciudadanos, no porque estén en ese momento infrautilizados, sino porque aprovechan la capacidad discriminante que lleva implícita el dinero.

La máxima del principio de actuación contra los usos y comportamientos mayoritarios no solamente ofrece la oportunidad de maximizar la utilidad personal en el conjunto del bienestar social, sino que ha demostrado ser, a nivel colectivo, uno de los exponentes máximos del avance y progreso de toda sociedad.

La presencia del intelectual, del hombre que se aísla del sentir y parecer general por la consistencia de su vocación, nutre de valor las realidades de este mundo sacando a la luz las verdades intrínsecas que posee en todos los órdenes. Físicos, matemáticos, biólogos, naturalistas, filósofos y todos los que de alguna manera dieron en su momento la espalda a las tendencias y costumbres al uso, han contribuido de manera decisiva al logro de este principio como medida del bienestar.

CAPITULO 7

Pobreza divina vs Pobreza humana

¿Qué significa ser pobre? El multimillonario fundador de Facebook, Mark Zuckerberg, acusó a los empresarios asistentes a un foro sobre telefonía móvil celebrado en 2016 de estar construyendo una red de conectividad 5G "para los ricos", cuando 4.000 millones de personas en el mundo no tienen todavía acceso a Internet. ¿Es la falta de acceso a Internet una señal de pobreza? Parece que uno de los obstáculos a la hora de dar una solución al problema es que no hay acuerdo sobre cómo medirla.

Definiciones hay para todos los gustos. Adam Smith definió la pobreza dentro del ámbito económico como la imposibilidad de cubrir las necesidades de las cuales según las costumbres del país nadie debería prescindir. Pero estas necesidades pueden estar moduladas a lo largo del tiempo. Un individuo, por muy rico que fuese en cierta época, podría serlo menos en otras si la totalidad del mundo era pobre, y por tanto más reducida la esfera de comodidades que su riqueza pudiera proporcionarle. De aquí que la riqueza en cierto momento bien pudiera considerarse pobreza en otros.

Por el lado divino, encontramos alusiones a la riqueza y la pobreza en los Evangelios cuando Jesucristo la cita en el Sermón de la Montaña:

"Bienaventurados los pobres de espíritu porque de ellos es el reino de los cielos"

Por otra parte dice:

"No podéis amar a Dios y a las riquezas"

"Por tanto os digo: No os afanéis por vuestra vida, qué habéis de comer o qué habéis de beber; ni por vuestro cuerpo, qué habéis de vestir. ¿No es la vida más que el alimento y el cuerpo más que el vestido? Mirad las aves del cielo que no siembran, ni siegan ni juntan en alfolíes, y vuestro padre celestial las alimenta. ¿No sois vosotros mucho mejores que ellas?

Y por vuestro vestido, ¿por qué os afanáis? Considerad los lirios del campo, cómo crecen; no trabajan ni hilan, más o digo que ni aún Salomón con toda su gloria se vistió como uno de ellos ''.

¿Cómo se compaginan, estos dos modos de entender la riqueza material en el mundo? Difícil empresa dado el abismo que separa ambas concepciones.

Para empezar los tiempos son distintos; entre el fundador de Facebook y Jesucristo hay veintiún siglos de diferencia. El mundo ha cambiado mucho desde entonces y el concepto de riqueza también, por lo menos desde el punto de vista humano, desde el divino está claro que no. Volvemos al mismo argumento que constituye el leitmotiv de esta obra, las leyes divinas frente a las humanas. Unas son eternas, inmutables, y por mucho que nos cueste asimilarlo no cambian con el paso del tiempo; las otras sí lo hacen, son mudadizas, arbitrarias y sujetas al devenir del momento.

Dios promulga su discurso en un tiempo en que el hombre todavía podía asimilar su palabra de manera fácil. Nos encontramos en los albores de la Historia del hombre, con un desarrollo incipiente en las técnicas agrícolas básicas, metalúrgicas y constructivas. Nació en el año del emperador Tiberio, la economía era rudimentaria, la población estaba formada por sacerdotes, escribas, pequeños comerciantes, artesanos, fariseos, y mendigos. No había grandes diferencias entre la riqueza de unos y otros por la sencilla razón de que apenas había riqueza. Nada que ver la imagen de un mendigo delante del templo de Jerusalén con la de un necesitado hoy día pidiendo a la entrada de un supermercado. La sensación de pobreza de éste es mucho mayor por ser también mayor la diferencia entre lo que tiene, que es nada, frente a lo que hay en el interior del establecimiento, que es mucho.

El dinero no era el medio más importante para amasar fortunas. Para valorarla, el poseedor sólo debía mirar a su alrededor y observar lo que tenía. El contacto con la Naturaleza era más intenso que ahora y las necesidades son cubiertas de manera autosuficiente, como las demás criaturas. Salvo excepciones, se cuidan a sí mismos. El concepto de escasez se encontraba todavía en estado larvario y por supuesto la cultura del consumismo era inimaginable e inexistente.

No es extraño, por tanto, que Jesús en sus parábolas, recurra a la Naturaleza para expresar sus ideas sobre el verdadero valor de las cosas y las ventajas del aprovechamiento de los dones caídos del cielo. Su auditorio podía asimilarlas con relativa facilidad. Para él no existe pobreza ni riqueza, no las hizo, no forman parte de la Creación. Riqueza y pobreza son inventos hechos por el hombre.

Alude a la pobreza de espíritu como aquella que poseen los que todavía conservan algún resto del Paraíso perdido, y que no tienen aún desarrollado el germen de la sustancia inconformista que marcará la esencia del hombre en los siglos venideros. No ambicionan ni tienen ansias de riqueza y poder y por eso los llama pobres, pero saben valorar lo que el cielo les ofrece de forma generosa y por eso son bienaventurados.

Al promulgar sus leyes, Dios facultó a todas sus criaturas a utilizar dos factores de producción, la tierra, entendida como el conjunto de recursos que la Naturaleza pone a nuestra disposición, y el trabajo. Sólo el hombre añade, por sus especiales características, otro más; el capital. Y aquí nos encontramos con la madre del cordero. Este nuevo factor *extranatural* es una creación genuinamente humana para poder reducir al mínimo su vida natural y dedicarse a la construcción de otra más acomodada, más a su medida. Frente al capital divino, que los economistas llaman en su terminología recursos de propiedad común, (bancos de pesca, recursos mineros, petróleo, etc.) porque no hay que pagar nada por hacerlos, el humano requiere esfuerzo y no es gratuito. Para obtenerlo, se necesitan materias primas, fábricas y organización. Su desarrollo es parejo a la historia del hombre; a más bienestar, mayor cantidad de bienes creados, pero sin universalidad en su disfrute. Son bienes individuales que tienen exclusividad y por tanto discriminantes. Para unos sí, para otros no. Si es mío no es tuyo y si es tuyo no es mío. El sentido de posesión ha ido aumentando a medida que lo ha hecho la opulencia. Nace ésta del deseo del hombre, no de estar en el mundo, sino de *bienestar*. Las demás criaturas se las arreglan perfectamente con el sistema que se les ha dado, porque adaptan su vida al medio, el hombre en cambio, hace lo contrario; adapta el medio a sus voluntades. Desea vivir con intensidad en este mundo y para ello busca centrarse en sí mismo y nutrirse de una sensación de independencia frente a todo, que supone posesión, poder económico. El logro de esta aspiración a lo largo de la historia determinará como precipitado lógico, las formas de riqueza y pobreza en las sociedades.

Para los primeros pobladores de la Tierra, el repertorio de avances técnicos es sumamente escaso y no llega a formar un cuerpo suficientemente grande para que pueda destacar y diferenciarse del repertorio de actos naturales que constituyen la base de su vida. Equivale a decir que el primitivo es mínimamente hombre y casi todo él pura criatura natural. Esta sencillez y escasez de técnica primigenia hace que sean ejercitadas por todos los miembros de la colectividad. Todos hacen fuego, cazan, elaboran utensilios, etc. Todavía no aparece eso que determinará una de las causas latentes de pobreza en el futuro; la división del trabajo en artes o artesanía. No sabe que puede inventar. La invención le aparece como una manifestación más de la Naturaleza, el poder que tiene de mostrarle ella a él y no al revés, ciertos poderes. El palo que inicialmente era algo para apoyarse, aparece como algo nuevo, que sirve para hacer fuego y queda anonadado. La naturaleza le ha desvelado uno de sus misterios. Aparece el trueque como forma de intercambio, no a consecuencia de una especialización de las tareas, eso vendrá más tarde, sino como complemento a las necesidades que se viven en cada momento. No existen equivalencias económicas ni por tanto se maneja dinero. Impera la prontitud de lo necesario. En este estadio no hay ricos ni pobres. Todos tienen la naturaleza a su disposición para hacer y fabricar, dada la sencillez de técnicas, cualquier cosa.

La técnica del *especialismo* se va abriendo paso. Aparecen los artesanos en la vieja Grecia, en Roma y en la Edad Media. La economía ha crecido aunque no tanto como para que una crisis de las técnicas principales al uso haga imposible la vida en colectividad. La diferencia entre la vida que lleva este hombre y el primitivo no es tan radical. La base sobre la que aún se apoya es todavía lo natural. Estamos en la época del maestro y el aprendiz. Trabajos que continúan la tradición del pasado insondable y pasan de unos a otros sin solución de continuidad. Se producen, sin embargo, modificaciones no derivadas de un espíritu innovador sino como variaciones de estilo en las destrezas que son transmitidas en forma de escuelas. Se comienza a asignar valor a las cosas, acrecentándose al mismo tiempo el sentido de la propiedad, y para superar el conflicto que supone la equivalencia entre bienes en los trueques, aparece el dinero como forma de pago. Todos estos ingredientes, *especialismo*, dinero y sentido de la propiedad van a determinar los niveles de riqueza y pobreza en el futuro.

No es hasta el siglo XVIII, cuando resultan más evidentes los estragos que la nueva forma de pobreza generada por el capitalismo va a causar en las grandes urbes como consecuencia de la

Revolución Industrial. Agnus Deaton, premio nobel de Economía describe en su libro *El gran escape* (2015), la situación creada en aquella época.

La revolución industrial en el Reino Unido atrajo a millones de personas del campo a las nuevas ciudades como Manchester, donde había nuevos medios de vida en las fábricas, pero pocos medios o ninguno para enfrentar los retos de salud derivados del hacinamiento de personas en habitaciones estrechas (…).

En la antigua Roma había más letrinas públicas que en Manchester durante la revolución industrial.

La dura jornada laboral a la que se enfrentaba la clase obrera era retribuida con unos salarios que condenaban frecuentemente a las familias a vivir bajo los umbrales de subsistencia. Friedrich Engels en su libro *La situación de la clase obrera en Inglaterra* (1845) realiza una crítica ante quienes afirmaban que el progreso industrial acabaría con la pobreza.

Es en las grandes ciudades donde la industria y el comercio se desarrollan de manera más perfecta, por tanto es allí también donde aparecen más claramente y más manifiestamente las consecuencias que tienen para el proletariado. Allí es donde la centralización de bienes ha alcanzado su grado más elevado, allí es donde las condiciones de vida de los «buenos viejos tiempos» son destruidas más radicalmente; allí es donde se ha llegado a un punto en que la expresión «Old Marry England» de la vida idílica y pastoril ya no tiene ningún sentido.

El ateo y revolucionario Engels, sin darse plena cuenta de ello, parece denunciar la desaparición de lo que Jesús de Nazaret había ensalzado diecinueve siglos antes, la vida pastoril y sencilla del contacto con la Naturaleza. El capital legado por Dios es sustituido por otro creado por el hombre donde los frutos no salen por generación espontánea; todos tienen dueño y se necesita técnica y esfuerzo para crearlos. La vida natural va siendo sustituida por la artificial. Ello ha supuesto su paulatina destrucción con la aparición de fábricas, industrias y procesos contaminantes. Son las consecuencias del avance imparable del progreso técnico. Las ciudades se convierten en guetos, el aire puro de antaño se vuelve irrespirable y la salubridad de los ríos y manantiales empeoran. Está obligado a trabajar no para sí mismo, sino para sostener y sostenerse en el sistema que está empobreciendo las condiciones de vida que antes tenía, lo que Engels llamaba los «buenos viejos tiempos». La división del trabajo va a configurarse como el gran motor de la economía moderna pero a costa de otra forma de empobrecimiento, la renuncia a las demás habilidades. Se demandará destreza en ciertas materias pero a costa de ser torpe en todo lo demás, siendo necesario acudir a fuentes externas para obtener lo que no es posible lograr por nuestros propios medios. Queda por tanto el bienestar al albedrío de lo que Kenneth Galbraith definió en *El nuevo estado industrial* como *Tecnoestructura*. La autosuficiencia ha dado paso a la dependencia y la persona, limitada a la realización de tareas simples en un mundo especializado (apretar tornillos, envasar pescado) se ve en la necesidad de inventar medios de pago para superar las limitaciones del trueque en la satisfacción de sus necesidades. No puede intercambiar tornillos por pan o electricidad porque seguramente no interese ni al panadero ni al electricista. Pero en cambio sí aceptarían títulos o avales que den derecho a comprar cualquier cosa, en definitiva dinero. Ahora bien, el dinero no es un bien en sí mismo, es una representación, algo fantasmal que tiene la virtud de materializarse en posesión por acuerdo tácito de todas las partes. Con el dinero, la riqueza basada en el trabajo y en lo que de él se obtiene, se cristaliza y se solidifica en trozos de papel. Teóricamente debería haber una correspondencia entre la categoría de los trabajos y el dinero que se da a cambio, pero las leyes humanas de mercado no funcionan así. Al desaparecer el trueque, desaparece la relación funcional entre tareas. El dinero actúa como interfaz de comunicación entre ellas, hasta el punto de que puede haber, y de hecho existen, actividades que no siendo moralmente justas ni aceptables socialmente, se aprovechan de este mecanismo para generar riqueza. Nadie paga una semana de vacaciones a las islas griegas con buceo incluido con un asesinato. Sin embargo, utilizando el comodín del dinero, sí se puede. Droga, tráfico de armas, delincuencia y robos constituyen actividades que no por muy delictivas que sean dejan de mover grandes sumas de dinero en todo el mundo. Riqueza y pobreza tienen por tanto, un nuevo patrón, una nueva vara de medir; el dinero. Ahora sí se puede tener riqueza sin estar rodeado de ella. Basta con tener dinero, que es lo mismo que tener capacidad de conseguir cosas. Capital, *especialismo* y cristalización del trabajo en dinero serán los factores determinantes de los nuevos conceptos de riqueza y pobreza en el mundo.

Las especies que siguen las leyes naturales actúan de otra manera. Sólo utilizan el capital legado por Dios desde el Génesis y su riqueza depende exclusivamente del producto de su trabajo y esfuerzo. No hay capital excluyente ni transmutaciones raras de riqueza en símbolos alegóricos. La miel que elaboran las abejas, las presas de los castores o la boñiga de estiércol que amasa con tanto ahínco el escarabajo pelotero son precipitados de su trabajo en los que no cabe transformación ni manipulación posible. Sin embargo también entre algunas especies existen ciertas formas de acuerdo que podríamos asemejar con algo de imaginación, a nuestros trueques de bienes y servicios.

Las hormigas y pulgones intercambian melaza por seguridad, el cocodrilo y el chorlito, limpieza de boca por comida y el lagarto de cola espinosa con el escorpión, protección por hospedaje. Son relaciones biológicas que mejoran en lo que cabe, las condiciones de vida de ambos intervinientes pero agotándose en ellas la posibilidad de acuerdos comerciales más desarrollados.

Veamos en cambio, qué pasaría si no se agotan, si los pulgones deciden un buen día dar plantón a las hormigas para contratar a las abejas cortadoras de hojas que sobrevuelan a su alrededor buscando hojas de rosal para sus larvas porque han descubierto que a cambio de granos de sal, que dicho sea de paso, no necesitan para nada, las abejas están dispuestas a defenderlos de sus posibles depredadores. No caben en sí de gozo, su sistema de alarma se ve ampliamente mejorado por las poderosas armas con que cuentan sus nuevos empleados. Pero las hormigas, que no son tontas, también se apuntan al carro y se dan cuenta de que las abejas, al especializarse en proteger a los pulgones, dejan a sus posibles larvas sin la capa protectora de hojas que necesitan para la metamorfosis, y se ofrecen a llevar hojas de rosal y lo que haga falta a sus nidos a cambio de la sustancia salina que parece que todo el mundo desea. Si hay algo que saben hacer es cortar hojas. Las abejas aceptan, y con la sal que reciben de los pulgones, pagan a las hormigas para que hagan el trabajo que ellas no pueden hacer y que además no les atrae especialmente. Las hormigas se sienten encantadas. Son auténticas expertas y saben que pueden ganar mucho dinero (sal) cortando hojas para las abejas. Con esta explosión de alegría vuelven al hormiguero a llevar la buena nueva a la reina, pero ésta las recibe con extrañeza.

–¿Y la comida? Las larvas necesitan alimento.

–¿Quién lo traerá ahora?

Las obreras responden rápidamente:

–Contrataremos a las termitas. Ellas harán el trabajo.

–¿Y cómo? –insiste la reina.

—Pagaremos con sal. Tenemos mucha.

Dicho y hecho, las termitas, que son auténticas columnas blindadas de ataque, se encargan del alimento de las hormigas a cambio, eso sí, de los correspondientes granos de sal.

La reina acaba convenciéndose. Diariamente llegan cientos y cientos de granos a la cámara real permitiendo que la producción de larvas aumente significativamente y con ellas, la población del hormiguero. Las termitas no paran de llegar con su carga a cuestas mientras haya sal. El resultado, un hormiguero colosal basado en una comunidad económica de servicios y bienes usando un comodín como medio de pago.

¿De dónde sale este comodín? Si fuera tan abundante que todo el mundo pudiera obtener el que quisiera, habría hiperinflación y no valdría nada. Ni los pulgones, ni las hormigas ni la abeja lo aceptarían. Pero no, en este cuento la sal proviene de una salina especialmente inaccesible que actúa a modo de reserva federal. Cuando hace buen tiempo aumenta por la evaporación (se inyecta dinero en el sistema) y cuando hace mal tiempo y llueve se disuelve y disminuye (se retira dinero del sistema).

Todo va de maravilla hasta que aparece agitándose entre la maleza un oso hormiguero en busca de comida. Topa con el termitero y el destrozo que genera es descomunal. Su larga y viscosa lengua es capaz de capturar y digerir gran número de insectos al quedar adheridos a ella sin posibilidad de escapatoria. El resultado es la disminución drástica de la colonia de termitas, y sus efectos en las demás especies de nuestra historia no tardan en llegar.

La crisis comienza por un desabastecimiento de comida a las larvas de hormigas. No hay suficientes termitas para cubrir la demanda. El precio del grano de semilla sube espectacularmente y las hormigas se quedan sin sal para pagar a las pocas termitas que han quedado. La población de larvas sufre las consecuencias de este repentino cambio de ciclo; a muchas de ellas no les llega ya el manjar que puntualmente traían las tenaces termitas y mueren por inanición. La reina observa con tristeza cómo su hormiguero va desapareciendo.

Los indios yanomamis tuvieron la misma sensación cuando la civilización llegó al paraíso amazónico donde habían vivido desde siempre. El ruido de buldócer y sierras mecánicas fue la señal de que algo gordo estaba pasando. Su naturaleza, rica en biodiversidad, sus viviendas y su medio de vida iban a ser destruidos por la construcción de una gran presa en el río. Al quedarse huérfanos del capital que había sido el sostén de su vida, cayeron en la cuenta del significado de la escasez. La civilización los había convertido de repente en pobres. Los frutos de la selva habían desaparecido porque ya no había selva. Los animales de caza no estaban porque su hábitat natural había sido sustituido por otro más acorde con las exigencias del recién instaurado progreso. Para conseguir carne estaban obligados a entrar en un nuevo espacio de caza, más tranquilo, más iluminado, sin árboles, donde no había necesidad de usar armas y con mucha más variedad de presas de las que jamás hubieran soñado; el supermercado. Pero se encontraron con la sorpresa de que en tal entorno los frutos no caen del Cielo como el maná; caen sí, al carrito de la compra, pero hay que pagar por ellos.

CAPITULO 8

Las leyes eternas de las Matemáticas

¿Existe una naturaleza matemática inherente a la realidad, o sólo está en nuestra mente?

Para Einstein, el Universo constituía un orden cósmico donde no había lugar para jugar a los dados. El mundo natural posee unos patrones a lo que parece nada arbitrarios y que se cumplen siempre, sea cual sea el estado de ánimo que tengamos, con huevo frito para la cena o churros para desayunar, haciendo yoga o jugando al escondite, en el polo norte y en el polo sur, aquí y en alfa centauro.

Podríamos asimilar el Universo a un video-juego creado por una mente muy aventajada. En él, sus protagonistas se mueven y viven sin clara conciencia de formar parte de un software programado que gobierna su comportamiento dentro de unas pautas prediseñadas de antemano. Estos códigos de conducta no están a la vista, se cumplen sin más porque forman la esencia del juego y por ende, de la vida misma de todos los que aparecen en él.

En la Grecia Antigua los pitagóricos veían en el número el principio inteligible a través del cual el cosmos, gobernado por el Espíritu manifestaba al hombre su armonía interna. "Todas las cosas conocidas tienen un número", dice *Filolao*, "porque sin él no sería posible que nada fuera comprendido ni conocido". Y *Estobeo* va más lejos vislumbrando el papel que poseen las leyes matemáticas para el conocimiento de todas las cosas. "Puedes ver no sólo en los asuntos *demónicos* y divinos la naturaleza del número y su influyente fuerza, sino también enteramente en todas las acciones y palabras humanas, tanto en todas las técnicas artesanales como en la música. Y la naturaleza del número y la armonía no admiten ninguna mentira".

Ya la música era entre ellos el símbolo de la armonía universal y un medio para lograr el equilibrio en el espíritu mismo del hombre, por tanto no es de extrañar que descubrieran cierta relación entre los sonidos y la magnitud que lo generaba. Supuestamente habría sido el mismo Pitágoras quien, experimentando con cuerdas iguales e igualmente tensadas, encontró que la altura del sonido que emiten al ser pulsadas se relaciona directamente con su longitud. Descubriría a partir de ello que las combinaciones sonoras armoniosas respondían con la posibilidad de comparar las longitudes como relaciones entre números enteros. Al dividir una cuerda por su mitad sonaba una octava más alta. La quinta sonaba si se cogían los $^2/_3$ de la original, la cuarta los ¾ y así sucesivamente. Su asombro le llevó a concluir que las razones de los números enteros explican, rigen y más aún, producen los fenómenos de la naturaleza. Esto resulta algo muy evidente para nosotros, que ya llevamos muchos siglos a cuestas de pensamiento matemático, pero no para una época donde la realidad se movía de forma paratáctica, es decir, a modo de elementos y sucesos que resultan de la adición de unos con otros. El conocimiento completo de un objeto era sólo la completa enumeración de sus partes y sus peculiaridades.

Dios, al crear el mundo, nos dejó una constitución donde todos sus artículos, apartados, disposiciones, anexos y reglamentos se han cumplido, se cumplen y se cumplirán siempre con una exactitud que ya le gustaría a más de un político y que las leyes matemáticas tratan de explicar a su manera.

No obstante, hemos de reconocer que sí ha habido casos en los que excepcionalmente las leyes divinas no se han cumplido y los protagonizó precisamente Jesucristo, al realizar el milagro de los panes y los peces y otros similares que nos relata el Evangelio. No deja de ser curioso que sea en estos actos de vulneración de la ley que él mismo creó junto a su padre donde se manifieste más claramente su condición humana.

Se podría argumentar que en física cuántica el azar es intrínseco a la teoría y que es la realidad la que exhibe un comportamiento probabilístico, no nuestra capacidad de hacer predicciones sobre ella, en abierto contraste con la concepción de una naturaleza sujeta a leyes. Pero no hay tal, las leyes se cumplen. Se cumplen para el lémur de Madagascar y para el físico atareado en perseguir la posición de un positrón en la órbita del átomo. El lémur las siente, las acepta y las conoce a su manera. El físico las siente, las acepta (no tiene más remedio) y a veces reconoce que no las conoce del todo. El científico, sobre todo a partir del siglo XIX cae en el clásico error de confundir la parte por el todo. Su cada vez más exacerbado *especialismo*, fruto del prodigioso avance de las ciencias, le hace partícipe de una casta de hombres sobremanera arrogantes. Se considera un hombre que sabe, pero sabe muy bien su mínimo rincón del Universo; del resto no suele tener mucha idea. Intenta aplicar sus razonamientos y métodos de trabajo a todo lo que le rodea, en política, en arte, en religión, en usos sociales. Incluso en las otras ciencias tomará posiciones enérgicas, y con aires de suficiencia no admitirá, paradójicamente, opiniones de otros especialistas. Al especializarlo, la civilización le ha hecho hermético y satisfecho de su saber, pero esta misma sensación de dominio le llevará a extrapolar sus conclusiones a otras esferas de la vida que nada tienen que ver con su modelo cuántico de las cosas, haciendo, y volvemos al principio, que se saquen conclusiones a veces un tanto hilarantes. El hombre, a diferencia del lémur, es capaz de rizar el rizo de lo no *rizable*.

Las leyes matemáticas tienen en cambio el don de la exactitud. No cabe interpretación de la realidad; son exactas en la medida en que describen el carácter eterno del espacio natural, por eso no hay dilema sobre una naturaleza matemática inherente a la realidad o incrustada en nuestra mente. Las dos cosas son ciertas. La matemática está en la naturaleza porque así se decidió en el Génesis, llámese como se quiera, gústese más o menos, el caso es que las relaciones y teoremas matemáticos son un fiel reflejo de lo que vemos a nuestro alrededor, pero además están en nuestra mente como están en la mente de toda criatura que pasa por este mundo, ya sea animal, vegetal o mineral. Las matemáticas son por tanto, el triunfo del Orden sobre el Caos inicial.

Para combatirlo, Dios implantó de entrada tres principios fundamentales que iban a ser los puntales para el desarrollo de leyes posteriores.

El principio de causalidad, que dice que todo efecto no puede ser ni anterior ni posterior a las causas. Así, una piedra lanzada hoy no puede ser la causa de la rotura de una ventana ayer. El principio de unicidad espacial, que predica una única realidad, cualquiera que sea el observador que la presencie y el principio de invariabilidad de magnitudes, que señala la constancia de una magnitud mientras no exista una causa que la modifique.

Podría haber hecho otras, pero ¡qué le vamos a hacer!, al crear el Paraíso decidió llenarlo de números primos, fracciones, hexágonos, hipérbolas, logaritmos y por supuesto, de números Pi, que tantos quebraderos de cabeza dieron a los griegos. Todos estos conceptos, que parecen sacados de un libro de texto, cambian   sorprendentemente de fisonomía si nos fijamos en ellos no como figuras matemáticas sino como manifestaciones de la belleza con la que se creó el mundo.

La familia de las cigarras utiliza la propiedad de los números primos para poder perpetuarse como especie, en lucha abierta con sus depredadores. Sus ciclos de vida suelen durar trece o diecisiete años que son números primos para hacer frente a los ciclos de vida de sus depredadores de dos y tres años. Los momentos críticos y más débiles de la cigarra son las tres primeras horas después de que sale a la superficie, en que sus alas y su piel todavía no están preparadas. Dado que trece y diecisiete son números primos, se evita que se sincronice el ciclo de sus depredadores con el suyo (no son múltiplos de dos ni de tres).

El hexágono forma parte de la arquitectura de las abejas, al utilizarlo como diseño para la construcción de sus panales de miel. Las conchas de los caracoles siguen la espiral logarítmica basada en la proporción áurea y el número pi lo tenemos presente cada vez que observamos un objeto circular.

Las ciencias matemáticas nacen por tanto, de la humildad con la que ciertos hombres a lo largo de la Historia se han enfrentado al mundo, intentando descubrir el lenguaje divino que yace tras él, obviando todo prejuicio, toda arbitrariedad, toda opinión. Ese vehículo de diálogo que pone en contacto a las criaturas con el Hacedor y su forma de organizar el mundo es el que permitió a Gauss calcular las coordenadas de la órbita del asteroide Ceres sin coger un telescopio. Sabía que debía estar ahí, según las leyes planetarias y efectivamente estaba. Es el mismo lenguaje que permitió a Einstein determinar los resultados empíricos de la relatividad sin tener que viajar a la velocidad de la luz. Y también es el que utiliza el pez arquero para calcular la distancia a la que se encuentra su presa fuera del agua para derribarla con un potente chorro utilizando las leyes de los fluidos.

En las matemáticas no hay discusiones ni subjetividades, todo está meridianamente claro. No es por tanto, extraño que resulten tan odiosas para aquellos que nadan en océanos de arbitrariedad, retórica, y demagogia y que gustan de cuestionar y justificar cualquier cosa, por muy absurdas que sean las razones esgrimidas. Estas almas ven, en consecuencia, altamente insultante no poder discutir ni la simple fórmula que da la longitud de una circunferencia. Son los paladines de la deidad post-paradisíaca, aquella que juega a ser Dios haciendo leyes a diestro y siniestro como churros para mayor pasmo de los sufridos ciudadanos y demás criaturas vivientes.

Como todo acontecer histórico, también las leyes exactas han evolucionado y compartido vivencias y acontecimientos con el devenir de los siglos. Desde el principio el mensaje divino a todas sus criaturas estaba claro; "ponga matemáticas en su vida y verá como la Naturaleza responde fielmente a sus postulados; todo le resultará más fácil porque para eso la he diseñado así".

Se podrá pensar que este discurso va dirigido exclusivamente al hombre, dejando al resto de criaturas fuera de su alcance, pero antes de despachar el asunto alegremente como cosa de Perogrullo, observemos el interior del mundo matemático, y lo que vemos no es otra cosa que sumas y figuras relacionadas conformando el orden de las magnitudes. La resta es lo contrario de la suma, la multiplicación es una suma encubierta y la división es lo contrario de la multiplicación, por tanto, también basada en la suma. Potencias, raíces y logaritmos son construcciones complejas creadas por el pensamiento teórico para convertir la ciencia matemática en una potente herramienta al servicio del hombre, pero basadas en algo tan simple como la suma, y eso lo sabe cualquier criatura; si no, que se lo pregunten a la leona cuando después de derribar una presa, se le acerca una manada de hienas dispuestas a robarle la comida. La leona suma leones y le sale uno, y después suma hienas, y le salen cinco. Comprende que cinco hienas son más que una leona así que muy a su pesar abandona la pieza, dejándola en manos de sus enemigas.

Pero el hombre no se contenta con las matemáticas de la leona, las necesita para algo más que alimentarse, como ya sabemos, y desde un principio decide sacarle todo el jugo que pueda utilizando la potencia y eficacia que poseen sus leyes en el mundo físico para construir su *metanaturaleza*; de aquí su aplicación a las múltiples disciplinas que ha ido creando y consolidando a lo largo de la historia; física, química, sociología, biología, medicina, etc. En particular ha llevado los principios matemáticos a ámbitos donde la arbitrariedad señorea por los cuatro costados para intentar solventar el problema creado por esa misma arbitrariedad. Me refiero a su aplicación al sistema más avanzado de organización social del Estado que conocemos, la democracia. Gobierna en ella lo superior sobre lo inferior, la mayoría frente a la minoría, y todo gracias a algo tan simple y primitivo como la ley de ordenación de los números naturales. No parece, por tanto, que el sistema sea muy refinado. También la leona y las hienas de nuestro ejemplo anterior lo saben aplicar en el debate de quién se debe llevar finalmente la presa, resolviendo la cuestión de manera bastante democrática. Las hienas sumaban cinco votos y la leona sólo uno. No importa quién la cazó, el esfuerzo que tuvo que realizar o lo justa o no justa de la decisión tomada; en democracia eso no sirve, no se tienen razones morales, sociales o de justicia, se tienen razones de naturaleza matemática, de donde se deduce que para instaurar uno de los mayores logros sociales de la historia del hombre, se ha tenido que recurrir a presupuestos arcaicos, primitivos y cercanos al comportamiento de los demás seres de la Creación.

Rousseau oponía en su *Discurso sobre la Desigualdad entre los Hombres*, "la igualdad que la naturaleza había establecido entre los hombres a la desigualdad que los hombres han instituido". Hace falta por tanto, devolver al hombre el timón de los destinos del país apelando a su innata condición igualitaria, y para ello propone la ley de la mayoría bajo la forma de sufragio universal, que es otra manera de recurrir al principio de soberanía natural ya existente desde la creación, donde cuatro búfalos ganan a dos leones, cuatro leonas expulsan de su territorio a dos leones machos, una caldera de gas gana a un colector solar, un Kilo/cm^2 gana a un Newton…. y así sucesivamente.

Las matemáticas han mantenido, tradicionalmente, dos puntos de vista contrapuestos. Uno, el platónico, que consideraba las matemáticas (en su tiempo se pensaba more geométrico) como parte del mundo de las ideas. Allí todo es perfección y cualquier contacto con el mundo real no es sino rebajarse a burdas imitaciones conceptuales. Para un platónico, las matemáticas se justifican a sí mismas como forma de sabiduría, negando cualquier relación con el mundo sensible; se concibe el cuerpo como un impedimento, sólo el alma razona perfectamente; de ahí el placer con aire de experiencia mística que provoca el desarrollo y demostración de nuevos e intrincados teoremas.

El otro punto de vista es más práctico; considera las matemáticas como un lenguaje, una herramienta para comunicar y plasmar de manera literaria el mundo del tamaño, las formas y el orden. Según él, cualquier regla matemática es una forma de expresión gramatical, y no debemos sorprendernos si no entendemos la obviedad de las verdades matemáticas, como tampoco debemos avergonzarnos si no somos capaces de captar un simple saludo en lenguaje mandarín; las reglas de la gramática no son obvias, sencillamente hay que aprehenderlas y aprenderlas para poder manejarlas debidamente. Para este modo de pensar no hay verdades eternas, ni por supuesto verdades divinas; las matemáticas son sólo un vehículo de diálogo extraordinariamente poderoso para manejar y dominar el mundo sin hacerse cuestión de quién lo hizo o quién no lo hizo.

Ambas interpretaciones, a fuer de manifestaciones humanas, ignoran su carácter esencial y primigenio de ley divina. Su sacrosanta fundación se hizo en aras de facilitar la vida en el Cosmos puesto que el Cosmos es Orden y la matemática no hace sino reflejarlo; no es ni más ni menos que una herramienta al servicio de cualquier criatura que desee utilizarla para beneficio propio como el aire caliente al ascender es utilizado por la golondrina para emprender el vuelo.

En realidad, todas las criaturas, de una u otra manera, siguen esta directiva divina para sacar provecho de una de las más poderosas leyes puestas a su alcance.

Conclusiones

La batalla legal entre Dios y el hombre, teniendo en cuenta la producción de leyes de uno y otro no tiene color, gana el hombre por goleada. Einstein en su momento aspiró a encerrar en su cabeza las ecuaciones que explicaban el comportamiento del Universo, señal de la parquedad con que Dios hizo el mundo, pero apuesto que hubiera sido incapaz, con todo lo genio que era, de haberse engullido la Ley General Hipotecaria, tortura a la que eran sometidos Mortadelo y Filemón cuando desobedecían al Súper.

Los mandamientos que Dios dio a Moisés en el Sinaí no pasaron de diez, las Bienaventuranzas del Sermón de la Montaña se quedaron en doce, las Virtudes Teologales son tres y las Cardinales nada más que cuatro, todo muy sencillo y fácil de asimilar. Si Jesucristo hubiera promulgado un Evangelio al mejor estilo de la Ley para la

Reforma Tributaria o de Contratos del Estado, poco éxito hubiera tenido el Cristianismo, teniendo en cuenta además que sus mandamientos no eran coactivos, no tenían el aparato del Estado detrás para sancionar su incumplimiento. No se está obligado a amar al prójimo y mucho menos como se quiere a uno mismo, pero ahí está la fórmula para el que quiera utilizarla de conseguir un mundo mejor.

El entusiasmo con que siguen empeñándose los legisladores en producir leyes no tiene fin, resultando no poco grotesca la actitud de aquellos que haciendo burlas y sarcasmos de ciertas manifestaciones cristianas tachándolas de beatería religiosa, no paran a pensar lo ridículo que resulta la beatífica adoración que profesan por ideologías basadas en un puñado de leyes hechas en muchos casos por botarates redomados.

Estamos en un mundo donde se habla constantemente de libertad; libertad individual, libertad de los pueblos, libertad como derecho. Si la libertad es un derecho, aceptamos implícitamente que debe haber una ley que la ampare, pero de igual forma podríamos encontrarnos una ley que la suprima, con lo que resulta una libertad inestable y sujeta a coyunturas que hoy dicen una cosa y mañana otra.

Hace falta combustible legal para atender las estructuras sociales, tecnológicas, políticas y de toda índole que se nos vienen encima, pero esto trae una consecuencia; a más leyes, más restricciones, más normas que cumplir, más encorsetamiento vital, más inestabilidad entrópica y como consecuencia, menos libertad vital (esperemos no acabar envidiando la vida de los macacos japoneses). El hombre de hoy día goza de una libertad secundaria y condicionada gracias al nubarrón de normas que a todas horas cuelga de su cabeza. Su *metanaturaleza* lleva camino de superar y engullir la naturaleza de Dios. Los cambios en la forma de vida que nos espera a la vuelta de la esquina, gracias a los avances tecnológicos que se vislumbran ya como una realidad, lo confirman plenamente.

¿Cómo nos alimentaremos y qué beberemos? No hay garantías de que la productividad agrícola vaya a incrementarse en línea con la población. El cambio climático y la desertización galopante de los continentes puede que tengan algo que decir en esto. Resulta una cuestión básica por encima de cualquier avance, pero no hay conciencia de que las leyes naturales tienen un marco de referencia que pone restricciones a las opciones previstas. Nada ocurre (producción alimentaria, metabolismo de una sociedad) sin un coste de energía y la subsiguiente generación de residuos. Las sociedades son complejos ecosistemas que requieren energía, pero esto genera mucha irreversibilidad como ya sabemos.

Veremos cómo se utilizará la radiación solar para retirar directamente el CO_2 sobrante de la atmósfera y se modificarán las nubes para la producción artificial de lluvia. La nanotecnología podría tratar de mejorar el ser humano a base de crear nuevos tipos de seres humanos, los post-humanos. Con el Internet de las cosas no hará falta tener los recursos en una máquina concreta, sino en un almacenamiento en la red. Se potenciará el trabajo colaborativo. Tendremos sensores que monitorizarán nuestra vida cotidiana así como el estado físico y emocional de nuestro cuerpo, que irán advirtiendo de las acciones a tomar cuando la señal sobrepase cierto nivel de alarma. Nuestro sensor diría al frigorífico que ordene más fruta y que llamemos al doctor cuando el sensor de temperatura corporal alcance cierto nivel. También podrían reorganizar nuestras citas del día siguiente porque saben que no nos sentiremos bien para ir a trabajar. Al implantarse una cierta economía compartida, la propiedad será menos relevante, se compartirán coches, cocinas, mascotas, pisos, etc. La biología sintética mezclará el genoma de varias especies para obtener productos naturales modificados sin tener que pasar por el ciclo biológico natural; en pocas palabras, leche sin vacas, algodón sin ovejas, miel sin abejas, etc.

Por último, y ya puestos a elucubrar, se hablará del tele-transporte a través del espacio y viajes en el tiempo.

¿Qué consecuencias traerá todo esto? Al jugar a ser Dios, se corre el peligro de que cambien las tornas y de dominador de criaturas, pase a ser el dominado por ellas.

Dios nos dejó un legado de leyes naturales para disfrutarlas junto con las demás criaturas de la naturaleza, y unas leyes reveladas por el Dios-hombre, (por tanto cuasi-humanas y susceptibles de ser incumplidas) que sirvieran de referencia frente al torrente legal que iba a inundar nuestras vidas en los siglos venideros. Las dos están relacionadas, las dos forman parte de un mismo discurso general. No debemos, por tanto, por muy apasionante e innovador que se presente el futuro, romper el cordón umbilical que nos une a ellas.

Las demás criaturas de la tierra no lo han hecho y les ha ido muy bien, tan bien que podrían seguir así miles o millones de años. El hombre, dependiendo del rumbo que tome, a lo mejor podría no decir lo mismo.

Bibliografía

Al-Khalili, J. (2017). *What's next?* Profile books.

Baehr, H.D. (1979). *Tratado Moderno de Termodinámica (teoría y aplicaciones prácticas).* Editorial Montesó.

Cairncross, F. (1993). *Las cuentas de la Tierra.* Acento Editorial

Deaton, A. (2015). *El Gran Escape. Salud, riqueza y los orígenes de la desigualdad.* México DF: Fondo de Cultura Económica.

Descartes, R. (2010) [1637]. *Discurso del Método / Meditaciones metafísicas.* Editorial Austral.

Engels, F. [1845] (1979). *La situación de la clase obrera en Inglaterra.* Oviedo: Juncar.

Galbraith, J.K. (1984). *El nuevo estado industrial.* Editorial Sarpe.

García Girona, B. (2016). *La pobreza en las sociedades ricas.* Editorial RBA.

Hogbes, L. (1993). *Mathematics for the million: How to Master the Magic of Numbers.* The Merlin Press.

Martín, J.L. (1989). *Las Cortes Medievales.* Editorial Albor.

Mohedano, B. (S.f.). *Apuntes de estética musical.* Conservatorio Superior de música de Sevilla.

Nácar, E., y Colunga, A. (1969). *Sagrada Biblia, versión directa de las lenguas originales.* Editorial Católica S.A.

Ortega y Gasset, J. (1996). *Sobre la razón histórica.* Alianza Editorial.

– (1999). *La rebelión de las masas.* Alianza Editorial.

– (2004). *Meditación de la técnica y otros ensayos sobre ciencia y filosofía.* Alianza Editorial.

Pérez Nuño, E. (2016). *La Filosofía del derecho en perspectiva histórica.* Editorial Universidad de Sevilla-Secretariado de Publicaciones.

Piepper, J. (2012). *Las virtudes fundamentales.* Ediciones RIALP.

Rousseau, J.J. (1981) [1762]. *El contrato social.* Madrid: Ediciones Felmar.